브레이킹 루틴

브레이킹 루틴

BREAKING ROUTINE

원하는 인생은 늘 안전지대 밖에 있다

천인우 지음

중앙 books

처음에 그는 내가 가르치는 수업에서 최상위권의 성적을 내고 있는 학생으로 먼저 눈에 띄었다. 하지만 그와 교정에서 이런저런 이야기를 나누게 되면서, 그의 명석함보다는 그가 자신의 삶을 대하는 태도와 장래포부에 점점 더 매료되었다.

'사람들의 삶을 바꾸고, 그들이 속해 있는 조직을 변화시켜, 나아가 세상을 바꾸자Change lives, Change organizations, Change the world.' 이 문구는 스탠퍼드 경영대의 모토이자 내가 35년간 스탠퍼드에서 교수 생활을 하면서 학생들에게 수없이 강조해온 자세이기도 하다. 세상을 바꿀 수 있으려면 먼저 본인의 삶을 변화시킬 수 있는 능력이 필요하다. 나는 천인우 군이 그런 자질을 가진 청년이라고 확신한다. 어떻게 하면 인생의 판을 바꿔 자신이 원하는 삶을 만들어나갈 수 있는지, 이 책《브레이킹 루틴》을 통해 앞으로 세상을 바꿔나갈 한 청년의 꿈과 열정을 느껴보길 바란다.

—**황승진**, 미국 스탠퍼드 경영대학원 석좌명예교수

약 40년간 교육계에 몸담으면서 내가 할 수 있는 최선은 학생들이 왜 타인의 시선에 얽매이지 않고 자신의 소신을 지키며 살아가야 하는지, 안락하고 편안한 삶을 깨뜨리고 왜 계속 전진해야 하는지를 몸소 보여주는

롤모델을 찾는 일이다. 이때 가장 먼저 떠오르는 제자가 용인외대부고에서 만난 1기 졸업생 천인우 군이다. 그가 단순히 스탠퍼드, 버클리 등 세계적인 교육 기관에서 교육을 받고, 전 세계의 수재들이 모인 실리콘밸리 최고의 기업에서 근무했기 때문이 아니다. 그를 따라다니는 화려한 수식어보다는, 선택의 기로에서 자신의 기준에 따라 과감히 결정하고, 어려운 상황에서도 최선을 다해 돌진하는 삶의 태도 때문이다. 그의 이야기는 한계에 부딪혀 힘들어하는 나의 또 다른 제자들, 나아가 수많은 젊은이에게 지금, 다시 시작할 용기를 전해줄 것이다.

— **정영우**, 용인한국외국어대학교부설고등학교 교장

24세의 신입사원 루카스가 페이스북 사무실 내 옆자리에서 눈에 불을 켜고 코딩할 때가 생생히 기억난다. 이후 7년여의 시간이 지난 지금까지 그의 가장 가까운 동료이자 친한 친구로 곁에 있으면서 그가 쉬지 않고 도전하는 모습에 늘 감명을 받곤 했다. 그의 성장 과정을 지켜봐 온 한 사람으로서 그의 이야기가 출판된다는 것이 매우 기쁘다. 자신의 삶을 한 단계 업그레이드하고자 하는 모든 사람에게, 누구보다 치열하게 달려온 그의 책을 자신 있게 권한다.

— **Volodymyr Krestiannykov**, 페이스북 시니어 엔지니어링 매니저

20년 후 당신은,
했던 일보다 하지 않았던 일을
더 후회할 것이다.

그러니 마음껏 탐험하고,
꿈꾸고, 발견하라.

마크 트웨인

contents

CHAPTER. 2

공부, 새로운 삶을 위한 가장 쉬운 지렛대
성적과 인생을 뒤바꾼 공부 습관

CHAPTER. 4

성공의 정의는 세상이 아닌, 스스로가 내리는 것이다

페이스북, 하버드와 스탠퍼드를 사로잡은 비결

TIP * 면접·입학 에세이 준비를 위한 체크리스트

안전지대에서 벗어나면
꿈꾸던 삶이 시작된다

*

지난해, 우연한 기회에 방송 프로그램에 잇달아 출연하게 되면서 대중에게 나라는 사람을 처음으로 알렸다. 예전과 달리 거리에서도 나를 알아보는 사람이 많아졌고, 감사하게도 내 개인 소셜 미디어 계정에 찾아와 응원과 격려를 아낌없이 보내준 사람들도 있었다.

학창 시절 때 나는 주로 독서실에서 공부하며 시간을 보냈고, 대학생 때는 연구실이나 컴퓨터실에서 정신없이 프로젝트만 진행했으며, 회사를 다닐 때는 사무실에서 온갖 기획서를 작성하느라 바빴다. 그런 일상에 찾아온 커다란 변화였다. 방송 출연을 결심하기 전까지 고민도 참 많이 했고 두려움도 컸다. 하지만 돌이켜 보면 이런 경험은 내가 판에 박힌 일상에서 벗어나 새로운 세상을 만날 수 있도록 도와준, 소중하고 값진 기회였다고 생각한다. 덕분에 지금 이렇게 책까지 쓰게 되었으니 말이다.

매번 안전지대를 벗어나는 이유

나는 용인한국외국어대학교부설고등학교(이하 '용인외대부고') 1회 졸업생이다. 이후 카이스트 공대에 입학했으나 얼마 다니지 않고 자퇴한 후, 미국 UC 버클리 대학교에 장학생으로 입학했다. 졸업 후에는 미국 실리콘밸리에 위치한 페이스북 본사에서 엔지니어로 약 5년 동안 일했고, 스타트업 기업인 뱅크샐러드에 합류하기 위해 일을 그만두고 한국으로 돌아왔다. 그러다 새로운 목표가 생겼고, 다시 공부를 시작하기로 결정했다. 미국의 여러 경영대학원에 지원해, 하버드와 스탠퍼드 MBA로부터 최종 합격 통보를 받았다. 수차례 고민한 끝에 결국 스탠퍼드를 선택해, 현재 석사 과정을 공부하고 있다.

사람들이 내게 자주하는 질문이 있다.

"어떻게 하면 그렇게 원하는 걸 다 하면서 살 수 있어요?"

정말 궁금해서 묻는 사람도 있었지만 나에 대한 편견을 가지고 묻는 사람이 더 많았다. 내키는 대로 거침없이 산다고 생각하거나, 더 좋은 대학과 회사의 타이틀을 따는 데 혈안이 된, 겉멋 든 사람으로 나를 평가한다는 느낌이 들 때도 많았다. 이해가 안 가는 건 아니다. 힘들게 들어간 카이스트를 자퇴하지를 않나, 모두가 선망하는 페이스북을 그만두질 않나, 한국에서 일하다가 또다시 유학을 가다니?

나에게 '사서 고생한다'고 말하는 사람도 많다. 편히 살 수 있는데 굳이 어려운 길을 간다는 것이다. 남들은 못 들어가서 안달이라는 학교나 회사를 박차고 나오는 게 바보같이 보일지도 모르겠다. 지금도 일을 그만두고 다시 새로운 공부를 하고 있으니 결코 내 삶이 안정된 삶이라고는 말할 수 없다.

그럼에도 익숙하고 안전한 길 대신 낯설고 불확실한 길을 선택하는 이유는 나의 가치와 가능성을 발견하며 나답게 살고 싶기 때문이다. 수차례 내게 주어진 안전지대를 벗어나며 내가 배운 것은, 공부든 일이든 결코 내가 선택한 삶과 동떨어진 것이 아니고, 그래서도 안 된다는 것이다.

원하는 삶을 만들어나가는 연습,
브레이킹 루틴

'어떤 삶을 살고 싶은가.'

나는 늘 스스로에게 이런 질문을 수시로 던진다. 내 미래에 대한 비전이 있으면 세상의 잣대나 주변의 시선에 얽매이지 않고 과감한 선택을 해나갈 수 있기 때문이다. 그렇게 안전지대를 깨고 나가니 더 많은 풍경이 눈에 들어왔다. 안전지대에만 머물렀다면 결코, 평생 보지 못했을 삶의 가능성이었다.

나도 내 인생을 뒤바꿀 수도 있는 결정을 앞두고 잠 못 이룬 날이 많았다. 선택을 할 때마다 두려움과 싸우며 불안해하기도 했다. 안전지대를 벗어나기가 두려울 때마다 조용히 혼자만의 시간을 가지며 소설가 마크 트웨인이 했던 말을 되뇌곤 했다.

"오늘이 인생의 마지막 날이라면 이미 실패한 일을 후회할 것인가, 아니면 시도하지 않은 일을 후회할 것인가?"

이 질문을 수없이 스스로에게 던졌고, 그럴 때마다 내면의 대답은 늘 '시도하지 않은 일'이었다. 실패할지언정 하지 않고 후회하는 것보다는 해보고 후회하는 일을 택하는 게 나의 방식이다. 이렇게 '시도하지 않을 바에야 차라리 실패를 하자'는 마음으로 시작했던 일들이 쌓이고 쌓여 어느새 내 스펙과 경력이 되었고, 나만의 경쟁력이 되었다. 단지 후회하기 싫어서 지금 내가 하고 싶은 일을 시작했을 뿐인데, 결과적으로 다른 사람들 눈에 '원하는 걸 다 해낸 사람'으로 비치게 된 것이다.

나는 천재가 아닐뿐더러 특별히 의지가 강한 사람도 아니다. 그렇다고 대단한 용기를 가진 사람도 아니다. 진학을 할 때마다, 입사를 해서도 언제나 나보다 잘난 사람들이 가득해서 좌절하기도 하고 힘들어서 주저앉아버린 적도 있다. '이만하면 됐지'라며 현실에 안주하고 싶었던 적도 너무나 많다. 하지만 때로는 정체되고, 때로는 뒷걸음치는 삶을 내가 어떻게 흔들어 깨고 나왔는지, 그렇게 해서 어떤 도약을 이루었는지, 이 책을 통해 나와 비슷한 고민을 하고 있는 사람들과 그 경험을 나누고 싶었다.

이 책의 제목을 고민 끝에 '브레이킹 루틴Breaking Routine'으로 정한 이유도 여기에 있다. 브레이킹 루틴은 '변화 없는 안전한 삶을 깨자'는 의미다. 보이지 않는 불확실한 미래를 걱정하고 의심하느라 새로운 가능성 앞에서 주저하고 있다면, 자신을 둘러싼 안전지대를 이제 그만 깨고 나와 원하는 삶을 향해 도약해보자는 의미이기도 하다. 이에 따라 정체된 삶을 깨뜨리기 위해 목표를 설정하고 과감히 도전하는 연습부터 몸이 먼저 움직이게 만드는 습관들, 상위 1%들과 공부하면서도 성적을 올리고 유지할 수 있었던 공부법, 치열한 실리콘밸리에서 소중한 무기가 되어준 시간 관리법, 해외 취업 및 MBA에 합격할 수 있었던 비결까지, 수많은 시행착오 끝에 내가 깨우친 모든 것을 이 책에 담았다.

자신을 믿을 때 변화는 시작된다

내가 생각하는 성공은 타인과의 비교우위나 세상이 요구한 잣대에 맞추는 것이 아니다. 내가 원하는 미래가 무엇인지 알고, 그것을 이루기 위해 도전을 망설이지 않으며, 나의 가치를 스스로 만들어나가는 것이야말로 진정한 성공이라고 생각한다. 여러분이 생각하는 성공은 무엇인가. 그걸 위해 지금 어떤 노력을 하고, 어떤 도전을 감행하고 있는가.

혹시 지금 자신을 둘러싼 환경이 마음에 들지 않으면서도 두려움 때문에 선뜻 나서지 못한다면, 오늘과는 다른 내일을 꿈꾸면서도 정작 달라지지 않는 자신에게 실망해 무기력해졌다면, 나의 이야기가 조금이나마 도움이 되면 좋겠다. 그리고 자신이 스스로 얼마든지 변화할 수 있다고 믿었으면 한다. 변화는 자신이 충분히 그럴 수 있다고 굳게 믿을 때, 비로소 시작되니까.

천인우

C H A P T E R 1

우리가 안전지대에서
벗어나야 하는 이유

변화 없는 삶을 깨는 연습

나를 가로막는 것은
의외로 '나 자신'이다

　방송을 통해 나를 본 사람들이 알면 놀라겠지만, 사실 나는 고등학생 때, 몸무게가 무려 100kg이 훌쩍 넘는, 그야말로 '초뚱땡이'였다. 중학교 때까지는 정상 체격에 속했는데, 고등학생이 되자 급격하게 살이 찌기 시작했다. 어차피 나중에 다 키로 갈 테니 너무 걱정하지 말라던 어른들의 말을 철석같이 믿었다. 손에 잡히는 음식이란 음식은 모조리 먹어치워댔고, 어느 순간부터는 몸무게를 재볼 생각조차 하지 않았다. 그러다 보니 키가 큰 편이긴 했지만 누가 보기에도 둔하고 뚱뚱하다고 느낄 정도로 심각한 비만 상태에 이르렀다.

　살이 찌기 시작한 첫해에는 극도로 스트레스를 받았다. 맞던 옷이 안 맞고 곰이라는 별명도 붙는 것이 싫었다. 그런데 둘째 해가 되고 셋째 해가 되면서 점점 내가 '뚱뚱한 애'라는 인식에 익숙해지기 시작했다. 어느 순간부터는 나의 변화된 모습에 완전히 적응하게 되면서, 살을 빼야겠다는 의지도 서서히 희미해져 갔다.

그러다가 고등학교 3학년 때, 정말 살을 빼야겠다고 마음 먹게 된 계기가 있다. 당시 영어토론부 활동을 했는데 운 좋게 학교 대표로 뽑혀 전국 영어토론 대회에 나간 적이 있었다. 그곳에서 다른 고등학교 학생들을 알게 되었고 몇몇과는 제법 친해져서 함께 저녁을 먹으며 대화를 나누게 되었다. 우리는 서로 자신의 꿈에 대해 이야기했고, 나 역시 졸업 후 나중에 어떤 일을 하고 싶은지 사뭇 진지하게 말하고 있는 중이었다. 그런데 그때 한 여자아이가 나를 보고 씨익 웃으면서 말했다.

"근데 인우는 나중에 배 나온 동네 아저씨가 될 것 같지 않아? 난닝구 입은 채로 하품하는 모습이 막 머릿속에 그려져. 히히히."

그러자 그 자리에 있던 친구들 모두 빵 하고 웃음을 터트렸다. 자신 있게 내 미래에 대해 이야기하던 나는 순간 너무 민망해서 어쩔 줄 몰랐다. 물론 그 친구에게 악의가 있어 보이진 않았다. 그냥 순수하게 내 외모에서 떠오르는 이미지를 거침없이 얘기하는 것 같았다. 자기 딴에는 다소 진지한 분위기를 좀 더 활기차게 바꿔보고자 했던 욕심이 있었던 것 같기도 하다.

그런데 나는 그 말을 듣고 잠시 멍해졌다. 친구들의 웃음은 뭐랄까, 무언의 동조 같았다. 집에 돌아와서 그날 저녁의 일을 계속 곱씹었다.

'자기가 뭔데 나를 본 지 하루도 안 되었으면서 그런 말을 하는 거지? 그것도 친구들이 다 모인 자리에서?'

생각하면 할수록 화가 났다.

자기 합리화라는 덫에서 빠져나오려면

시간이 흘러 화가 조금 누그러지자, 이번에는 나 자신을 돌아보게 되었다. '뚱땡이'라는 타이틀을 익숙하게 달고 살았던 나. 물론 잘 알지도 못하는 처음 본 사람에게 그런 말을 던진 친구도 경솔하긴 했지만, 게으른 이미지를 풍길 정도로 관리에 소홀했던 나 자신에게도 책임이 있지 않을까. 처음으로 살을 빼고 싶다는 생각을 하게 되었다. 몇 년 동안 너무 익숙해진 내 모습을 바꾸고 싶다는 생각이 든 것이다.

그런데 살을 빼본 적이 없으니, 어디서부터 어떻게 시작해야 할지 몰랐다. 인터넷을 뒤져 다이어트 방법을 모조리 검색했다. 별의별 다양한 다이어트 방법이 소개되었고 나는 하나씩 따라 해보기 시작했다. 결과는 당연히 실패. 탄수화물 중독자에 가까웠던 나에게, 고구마와 닭가슴살만 먹는 하루는 너무나도 지옥 같았다. 신경이 날카로워지면서 애꿎은 가족들에게 화풀이할 때가 많아졌고, 친구들과도 사이가 소원해졌다. 머릿속이 굳어버린 느낌이 들어 공부도 잘되지 않았다. '이렇게까지 하면서 살을 빼야 할까?'라는 생각이 들면서 나는 다시 폭식하기 시작했고, 다음 날 아침이면 폭식한 나를 저주하기를 반복했다.

다이어트에 계속 실패하자, 더 이상 이대로는 안 되겠다는 생각이 들어 지금껏 내가 실패한 이유를 분석해보았다. 일단 나는 자기 합리화에 너무 익숙해져 있었다. 친구들보다 키가 크니까, 먹는 것도 더 많이 먹는 게 당연하다는 생각이 무의식에 자리 잡고 있었다. 또 공부를 하려면 체력이 뒷받침되어야 하니까, 당연히 잘 먹어야 한다는 생각도 있었다. 살을 빼려면 무작정 식단만 바꿀 게 아니라, 자기 합리화에서 벗어나는 것이 먼저라는 생각이 들었다.

그날 이후 나는 몇 년 동안 해왔던, 그래서 나도 모르게 내면에 습관화된 자기 합리화에서 벗어나고자 마음먹었다. 그동안은 친구들이 나를 이름이 아닌 '곰'으로 불러도 그게 더 익숙해서 으레 넘어갔지만, 더 이상은 아니었다. 친구들이 나를 부를 때마다 '아, 내가 뚱뚱하니까 곰이라고 부르는구나. 그런데 난 곰처럼 보이기 싫으니까 빨리 살을 빼야겠다' 하는 식으로 자기 객관화를 하기 시작했다. 또 급식 시간에 남들보다 많이 먹고 있는 나를 처음으로 의식적으로 관찰하기 시작했다. '덩치가 크다고 해서 꼭 밥을 많이 먹을 필요는 없지' 하면서 그동안 당연하게 생각해왔던 자기 합리화를 버리려고 노력했다.

익숙한 자신의 모습을 깬다는 것

이렇듯 나 자신을 객관적으로 돌아보고, 당연하다고 해온 일들을 의식하기 시작하니, 그다음에는 행동을 바꿔야겠다는 생각이 자연스럽게 들었다. 우선 나는 학생이니 비싼 돈을 들여 헬스장이나 PT를 받을 수 없었다. 또 다이어트 경험자가 아니니 나만의 특별한 비책이랄 것도 없었다. 그래서 내가 한 선택은 이미 알고 있는 다이어트 상식 중에 내가 할 수 있는 방법을 골라 정해서 꾸준히 해보자는 것이었다. 내가 세운 규칙은 딱 세 가지였다.

첫째, 식사 전에는 반드시 원래 먹던 양의 딱 절반을 덜고 난 뒤 먹을 것. 둘째, 하루에 줄넘기를 2000개 할 것. 셋째, 앞의 두 가지를 하루도 빠짐없이 무조건 할 것.

그리고 두 달 뒤, 나는 무려 17kg을 감량할 수 있었다. 혹시 내 다이어트 성공에 특별한 비법이 있을지 궁금했다면 실망했을지도 모르겠다. 누구도 아는 너무나 당연한 소리니까 말이다. 그런데 내가 확실히 효과를 본 방법은 이것이다.

'절대 무리하지 않고, 충분히 지킬 수 있는 약속만 할 것.'

이것이 100kg 탄수화물 중독자에서 벗어날 수 있었던 비결이었다. 꼭 다이어트가 아니더라도, 무언가를 바꾸고자 한다면 가장 먼저 자신이 무엇에 익숙해져 있는지를 파악하는 게 중요하다.

익숙해진다는 건 정말 무서운 일이다. 나의 경우엔 뚱뚱한 나에게 익숙해져 있었다. '걱정만 하고 아무것도 하지 않는 나', '뭘 해도 안 되는 나' 등 부정적인 자신의 모습에 익숙해져 있을지도 모른다. 나는 그런 사람이라고 규정 지어버리고, 그것에 익숙해지는 순간 삶의 변화를 이끌어내기가 쉽지 않다.

내가 익숙해져 있는 게 무엇인지를 알게 되었다면, 자신을 한번 객관적으로 되돌아보길 바란다. 삶을 바꾸기 위해 해야 하는 게 무엇인지 잘 알고 있으면서도 시간이 없으니까, 여태껏 사는 데 별 지장이 없었으니까, 돈이 드니까, 다른 해야 할 게 너무 많으니까, 하는 식으로 은연중에 자기 자신을 합리화하고 있지는 않았는지 말이다.

의식을 먼저 바꿔야 실행에 옮길 수 있다. 자기를 객관화하지 못하고 자꾸 합리화한다면 의식을 바꿀 수 없고, 그렇게 되면 아무리 작은 행동이라도 꾸준히 실천하기가 어렵다. 그러니 뭔가를 시도하려고 마음먹어봤지만, 꾸준히 하지 못해 늘 실패만 반복하고 있다면, 무작정 실천에 옮기기에 앞서 익숙한 자신에게서 깨어나자.

습관을 바꿔 더 나은 삶을 살 수 있다면

어렸을 때 살을 뺐던 경험은 내 인생을 통틀어 가장 중요한 터닝 포인트 중 하나다. 이를 계기로 성공에 대한 편견이 바뀌었고, 나 자신에 대한 가능성을 발견할 수 있었기 때문이다.

고백하건대 예전의 나는, 내가 인생에서 원하는 결과를 얻지 못할 때마다 습관적으로 그 이유를 다른 데서 찾곤 했다. 예를 들어, 경쟁에서 질 때면 애초에 다른 사람들이 나보다 태생적으로 월등한 능력치를 지녔으니 어쩔 수 없었다며 합리화하기 바빴다. 시험에 합격하지 못했을 때는 운이 따라주지 못해서, 주변에서 도와주질 않아서 안 풀리는 거라며 자책과 불평을 반복했다. 그게 문제를 해결하는, 가장 익숙하고 쉬운 방법이기 때문이다.

하지만 단지 세 가지 습관을 실천하는 것만으로도 기적같은 변화를 경험하고 나니, 생각보다 내가 훨씬 더 대단한 사람일지 모른다는 생각이 들었다. 오히려 그동안의 나를 가로막은 것은 다른 사람이 나보다 뛰어날 것이라는 강력한 믿음, 나는 의지도 약하고 운도 없는 존재라며 폄하했던, 바로 나 자신이었다.

세상에 자기 인생을 대충 살고 싶어 하는 사람은 없다. 다만 방법을 제대로 모르고, 실패와 좌절을 반복하다 보니 지쳤을 뿐이다. 우리는 대부분 해내고 싶은 의지도 있고, 노력도 할 만큼 했고, 관련 지식도 쌓았고, 시간도 투자한다. 그런데 원하는 결과가 나오지 않으면 이전보다 더 많은 돈과 시간과 에너지를 쓴다. 이미 여러 번 실패를 경험했는데도 밑 빠진 독에 계속 물을 붓는 격이다.

만약 어떤 일에 돈과 시간과 에너지를 쏟았는데 인풋만큼 아웃풋이 나오지 않거나, 노력해도 원하는 결과가 나오지 않는다면, 결국 답은 하나다. 늘 해오던 시스템에 점검이 필요한 때라는 신호다. 자신이 하루 종일 어떻게 공부하고 일하는지 작은 습관 하나까지 다 기록해보자. 그러면 문제점이 보일 것이다. 바로 그 부분을 수정해보면서 원하는 결과를 내는 방법을 찾아가는 것이다. 별것 아니라고 생각했던 작은 습관 하나가 인생을 바꿔놓을 수도 있다.

무엇보다 중요한 게 하나 더 있다. 나 역시 그랬지만 내 주변 사례만 보더라도 실제 변화를 이뤄낸 사람과 그렇지 못한 사람의 차이는 '자신이 바뀔 수 있다는 믿음'에 달렸다고 생각한다. 자신이 얼마든지 변화할 수 있다는 것을 충분히 믿지 않을 때 변화는 가장 어렵다. 즉, 우리는 나 자신이 바뀔 수 있다고 진심으로 믿어야 비로소 바뀔 수 있으며, 바뀌고 싶다는 마음을 먹은 순간부터 변화는 이미 시작된 것이나 다름없다.

현재가 불만족스러울수록
안전지대를 벗어나야 한다

2008년, 미국 UC 버클리 대학교로부터 최종 합격 통보를 받았다. 버클리에서는 나에게 우선 입학을 한 후 전공을 정해도 된다는 조건을 제시했고, 4년간 장학금을 지원하겠다는 의사도 보내왔다. 일반적으로 미국 대학이 외국인에게 장학금을 지급하는 경우는 거의 드물기 때문에 버클리에서 온 기적 같은 소식에 당시 나와 가족들은 무척 기뻐했다.

그럼에도 불구하고 국내에 남느냐 버클리로 가느냐의 결정은 절대 쉽지 않았다. 버클리에서는 장학금을 지급해준다고 했지만, 국내의 한 대학에서도 학비 전액 지원은 물론 용돈까지 지급해주었기 때문이다. 게다가 일생을 한국에서만 살아왔는데, 해외에서 혼자 살아야 한다는 게 어린 나에게는 부담으로 다가온 것도 사실이다. 버클리에 가면, 게다가 자유 전공으로 들어가서 졸업하면 어떤 인생이 펼쳐질지 한국에서만 19년을 살아온 나로서는 예측하기 힘들었다. 당시만 해도 지금처럼 해외 업계 소식을 인터넷에서 쉽게 접할 수 있는 환경이 아니었고, 딱히 조언을 구할 선배도 없었다.

무엇보다 내가 버클리와 미국이라는 사회에 잘 적응할 수 있을지가 커다란 물음표였다. 영어를 어렸을 적부터 공부하긴 했지만 실제 원어민들 사이에서 공부를 하고 부대끼며 살아본 경험이 없어서 두려웠다. 매체에서 나오는 인종차별에 대한 이야기, 주변에서 들리는 해외 유학 갔다가 다시 한국으로 돌아온 사람들 이야기, 살인적인 물가에 대한 이야기… 너무나도 부정적인 이야기를 많이 들어서 선뜻 미국으로 가겠다고 결정하기 어려웠다.

불확실한 길을 택한 이유

아이러니하게도, 바로 이런 '불확실성'이 결국 버클리를 택한 이유가 되었다. 당시 나의 눈에는 국내 대학교를 졸업한 이후의 삶에 어떤 공식이 존재하는 것처럼 보였다. 카이스트에 들어가니, 여러 대기업이 취업 설명회를 열곤 했고, 선배들 역시 졸업하면 우리나라에서 가장 큰 반도체나 전자 기업 등에 취직할 것을 한 치도 의심하지 않는 분위기였다. 물론 공부를 좋아하는 선배들은 대학원 진학을 준비하고 있었고, 컨설팅업체에 들어가려고 하는 소수의 학생도 있었다. 하지만 당시 내 눈에는 그것조차도 몇 안 되는 커리어 패스 중에 하나를 고르는 상황처럼 보였다. 마치 객관식 문제를 푸는 일처럼 말이다.

그게 나쁘다는 말이 아니다. 다만 내 머릿속엔 막연하게나마 이런 생각이 스멀스멀 올라왔다.

'눈에 보이는 안전한 길보다 불확실하더라도 내 한계에 도전해보는 게 좋지 않을까?'

부와 성공이 확실하게 보장된 삶보다, 실패할 가능성이 크지만, 만약 성공하면 그 이상의 성취감을 맛볼 수 있는 삶을 살아보고 싶었다. 나의 경우는 내적 성장이 간절했다. 컴포트존(안전지대)을 벗어나 한계에 끊임없이 도전하여 다양한 지식과 경험을 쌓고 싶었고, 이를 통해 내가 가진 재능을 최대한 키워 필요한 곳에, 필요한 사람들에게 환원하는 삶에 대한 막연한 동경이 있었다. 어느 정도 리스크가 있더라도,

불확실성을 선택하는 편이 훗날 지금 이 시기를 돌이켜봤을 때 후회하지 않을 것 같았다. 애초에 그래서 버클리대학에 지원했던 거였는데, 막상 합격하고 나니 도전에 대한 두려움에 흔들렸던 거다.

고민에 종지부를 찍은 다음 날, 나는 눈을 뜨자마자 부모님께 혼자 미국으로 가겠다고 말씀드렸다. 부모님 역시 걱정이 많으셨지만, 내 이야기를 듣고는 흔쾌히 결정을 지지해주셨다.

적어도 내일은 오늘처럼 살고 싶지 않다면

누구나 삶에서 원하는 무언가가 있을 것이다. 그건 개인적인 성장이 될 수도 있고, 가치 실현일 수도 있다. 무엇이 되었든 간에 사람은 저마다 꿈을 이루기 위해 기존의 삶을 바꾸기를 갈망한다. 하지만 안타깝게도 실제 원하는 걸 성취하는 사람은 소수에 불과하다. 내 생각에 성취를 가로막는 결정적인 요인은 바로 자기 자신에게 있다. 대부분이 불확실성에 대한 두려움 때문에 시도하기도 전에 포기하고, 어느 정도 확실성이 보장된 안전을 선택한다. 그러면서 꿈꾸던 삶을 열망하며, 시도하지 않은 일에 미련을 갖고 괴로워하기를 반복한다.

이 악순환을 끊는 방법은 안전지대에서 벗어나보는 것이다. 나는 무엇을 어떻게 해야 할지 고민이 되던 순간에는 늘 안전지대를 벗어나는 쪽을 택했다. 그러면 적어도 무언가 새로운 것을 발견할 수 있기 때문이다. 실제로 나는 나만의 특별한 경력을 갖게 되었고, 그만큼 큰 경험과 지식, 혜안을 갖게 되었다. 남들과 다른, 누구와도 비교할 수 없는 나의 존재 가치다.

지금 내게 주어진 선택지가 맘에 들지 않는다면, 선택지에 대해 불평만 하기보다는 용기를 내어 지금 당신이 있는 그 안전지대에서 벗어나보길 권한다. 나아가 그 불확실성을 이겨내기 위해 아주 작고 하찮은 일이라도 일단 시작해보자. 더 나은 삶을 위해, 적어도 오늘처럼 내일을 살고 싶지 않다면 말이다.

편안함 대신
불편함을 선택하는 이유

고액 연봉을 받으며 뛰어난 실력을 인정받는 한 헤지펀드 매니저가 있었다. 뉴욕 월스트리스트 최고의 펀드매니저였던 그에게는 당연히 엄청난 부와 탄탄한 미래가 기다리고 있었다. 그런데 어느 날, 그는 인생의 중요한 갈림길에서 고민에 빠졌다.

'실패할지도 모르는 일에 새로 뛰어드는 게 과연 옳은 결정일까?'

결국 그는 훗날 후회하지 않는 쪽을 선택했고, 화려한 월가의 생활을 뒤로한 채 미국 서북부 시애틀의 창고에서 제2의 인생을 살기로 결심했다. 전 재산을 끌어모은 것도 모자라 친구의 친지에게 빌린 돈으로 자기 집의 허름한 창고에서 사이트를 개설해 운영하기 시작했다. 2년 후, 그 사이트는 세계 최대의 온라인 서점으로 급성장했다. 오늘날 세계적인 전자상거래 기업으로 우뚝 선 '아마존'은 그렇게 탄생되었다.

미국 실리콘밸리에서 아마존 창업자 겸 최고경영자인 제프 베이조스의 일화는 여전히 많은 사람의 입에 오르내리는 성공신화다. 프린스턴 대학 전자공학과를 최우등으로 졸업한 베이조스는 사회 첫발을 뉴욕의 한 회사에서 컴퓨터 프로그래머로 시작했지만, 이후 뱅커스 트러스트 등 여러 투자회사를 거치며 헤지펀드 매니저가 되었다가, 인터넷의 무한한 성공 가능성 하나만 믿고 회사를 차려 끝내 사업가로서 더 큰 성공을 거두었다.

베이조스의 이야기를 처음 봤을 때, 나는 그가 이룬 부와 업적보다는 그가 친구에게 했다는 말이 무척이나 인상 깊었다. 인터넷에서 책을 파는 회사를 차리고 싶다는 그에게 친구는 48시간만 더 고민해본 뒤에 최종 결정을 내리라고 설득했다고 한다. 그러자 그가 했다는 말.

"해보고 싶은 건 해봐야지."

이 짧은 한마디가 나에겐 엄청난 울림을 주었다. 아마 합리와 효율에 따른 선택이 아니라 가슴이 시킨 결정을 했다는 사실 때문일 것이다. 나 또한 여러 불확실한 길을 택하며 멘탈이 흔들릴 때가 많다. 그럴 때면 자신의 열정을 좇아 덜 안전한 길을 택한 베이조스의 이야기를 떠올린다. 그의 한마디가 내면의 깊숙한 곳에서부터 나를 지탱해주곤 했다.

평생직장 1순위, 페이스북을 뛰쳐나온 이유

나 역시 페이스북 재직 시절, 중요한 선택의 갈림길에 섰다. 페이스북의 직급 체계는 레벨제로 구성되어 있다. 대학교를 갓 졸업하고 입사를 하면 보통 레벨 3으로 시작한다. 입사 후 2년 내로 레벨 4로 진급을 하지 못하면 해고를 당할 수 있고, 레벨 4 진급 후 3년 내로 레벨 5로 진급하지 못하면 마찬가지로 해고를 당할 수 있다.

레벨 5를 페이스북에서는 'Tenured Level(종신 레벨)'이라고 부르는데, 풀이를 하자면 5부터는 더 이상 진급을 하지 않아도 해고당할 위험이 없다는 의미다. 그래서 일단 레벨 5에 다다르면 그 이상 진급을 하는 것은 개인의 선택 사항이 된다. 실제로 어떤 직원들은 레벨 5에 일부러 머물고 싶어 한다. 그 이상의 진급을 하게 되면 더 큰 성과를 지속적으로 만들어내야 하고 책임도 늘어나기 때문에 적당히 일하다가 은퇴하겠다는 심산인 것이다. 생각보다 이런 마인드를 가지고 있는 직원들이 꽤 있다. 특히 가족과 시간을 보내는 것을 중요시하거나 개인적인 취미에 시간을 많이 투자하고자 하는 사람들에게는 더할 나위 없이 좋은 인생 옵션이다.

나는 그런 사람들의 선택을 존중한다. 맹목적으로 일에만 매달리는 것이 아니라 본인이 인생에서 원하는 것이 무엇인지를 정확히 인지하고, 자신의 삶을 스스로 온전히 컨트롤하는 사람들이라고 생각하기 때문이다. 나 역시 페이스북에서 레벨 5까지 오른 개발자였기 때문에 충분히 그런 결정을 내릴 수 있었다. 페이스북은 직원들에게 보상이 확실한 회사였고, 재정적으로 튼튼하며 시장에서도 1위를 굳건히 지키고 있는 기업이었기에 평생직장으로 생각하고 다니기에 더할 나위 없이 좋은 곳이었다.

하지만 그런 상황에서 나는 오히려 더 답답함을 느꼈다. 페이스북은 직원들에게 월급을 주는 것이 아니라 2주마다 2주급을 준다. 그런데 언젠가부터 2주마다 통장의 잔고가 늘어가는 것을 보면 기쁜 마음은 잠시, 오히려 조급해지기 시작했다. 안정적인 회사에 보금자리를 틀고 안주하면서 살아가는 인생에 더 익숙해지면 안 되겠다는 생각이 들었다. "이 정도면 됐어"하고 현 상황에 안주한 나의 모습이 어딘가 영 마음에 들지 않았다.

불편한 환경이야말로 나를 성장시킨다

페이스북을 다니면서 세계적인 회사에서 일을 한다는 자부심에 취해 있는 나를 가끔 발견했다. 물론 내가 열심히 노력해서 이룬 결과이고, 원하는 결과를 얻은 것에 대해 어느 정도 자부심이 있는 것은 당연하다고 생각한다. 하지만 페이스북은 내가 입사한 2014년 이전에 이미 상장해서 매출이 폭발적으로 증가하고 있던 회사였고, 사내 인프라 및 체계가 잘 갖춰져 있었다. 따라서 내가 하는 일은 이미 잘나가고 있는 회사를 더 잘나갈 수 있게 고민하는 일이었지, 무언가를 초창기부터 만들어나가는 역할은 아니었다.

신사업 프로젝트를 한다고 해도 이미 잘 되어 있는 회사 시스템, 안정적인 회사 매출, 경험 많은 리더들의 지원을 받으며 진행을 했다. 페이스북에서 일한다고 해서 소셜 미디어 서비스의 전문가가 아니고, 구글에서 일한다고 해서 검색 엔진 전문가가 아닌데도 가끔 외부에서 강연을 할 때도 있었다.

지인들과 이야기를 나눌 때마다 페이스북의 후광을 등에 업고, 과도한 자부심을 부리고 있는 나를 발견할 때도 있었다.

'회사 후광에서 벗어나 보면 어떨까.'

이런 생각이 들기 시작했다. 페이스북의 후광이 없는 곳에서 조금 더 도전적으로 일해보고 싶었다. 그동안 내가 배운 지식과 경험을 좀 더 의미 있는 곳에 환원하고 싶다는 마음도 들었다. 어릴 적 아버지가 일본에서 배워온 기술로 한국에서 사업을 했는데, 아버지가 만든 제품들이 한국뿐 아니라 독일, 일본, 중국 등지에 수출되었다. 어쩌면 아버지가 하는 일은 세계무대에서 기술을 배워 와 한국에 환원하면서 한국의 기술력을 한층 높이는 일이 아닐까 생각했다. 그래서 '나도 페이스북이라는 세계적인 회사에서 배운 것들을 고국에 언젠가는 돌아가 환원해야지'라는 생각을 은연중에 품게 되었다.

마지막으로 회사 운영에 있어, 보다 거시적으로 고민하는 기회를 잡고 싶었다. 회사의 오너는 어떤 고민을 하는지, 중요한 결정을 내릴 때 어떤 점들을 고려하며, 그 결정을 내리기까지의 과정은 어떻게 되는지, 의견 대립이 있을 때 어떤 식으로 합의점에 도달하게 되는지 등등…. 이런 거시적인 경영진의 마인드를 배우고 싶었다. 페이스북은 너무도 큰 기업이었기 때문에 그런 기회가 나에게 주어지려면 굉장히 오랜 시간이 걸리거나 어쩌면 영영 주어지지 않을 수도 있었다. 그래서 조금 더 작은 회사로 옮겨 내가 원하는 경험을 하고 원하는 방향으로 성장할 수 있었으면 좋겠다는 바람이 더욱 강해졌다.

이처럼 페이스북의 품을 떠나야 하는 이유가 확실해지자 나는 주저 없이 퇴사를 선택했다. 그때의 결정은 정말이지 내 인생에 있어서 또 하나의 큰 터닝 포인트였다. 뱅크샐러드로 이직한 나는 리더로서 더 많은 경험과 훈련을 얻을 수 있었고, 덕분에 내가 무엇을 더 보완하고 공부해야 할지를 알게 되어 지금 이렇게 스탠퍼드 경영대학원에 있기 때문이다.

세계적인 기업에서 스타트업 기업으로

페이스북 본사에서 5년간 근무한 나는 한국에 들어오기로 결정한 뒤 10군데 가까이 되는 회사들과 이직에 대해 이야기했다. 내 지인들 중 실리콘밸리에서 일하다가 한국에 먼저 들어간 분들이 회사를 소개해주기도 했고, 링크드인 플랫폼을 통해 나에게 연락이 직접 온 케이스도 많았다. 감사하게도 모든 회사에서 나에 대해 긍정적인 평가를 해주어서 행복한 고민을 하게 되었다. 보수도 웬만하면 만족스럽게 제안해 준 편이고, 어떤 회사들은 나에게 먼저 원하는 보수를 말해 보라고 할 만큼 적극적이기도 했다.

하지만 그런 제안들에 현혹되지 않고 내가 정말 후회하지 않을 만한 기준을 잡아서 신중하게 결정하고 싶었다. 곰곰이 고민한 결과 다음과 같은 기준들을 잡게 되었고, 결과적으로 뱅크샐러드가 그 모든 기준에 부합한 회사라고 판단했다.

첫째, 회사 대표와 가까이 일할 기회가 주어지면서, 팀을 꾸려 운영해볼 수 있기를 바랐다. 페이스북에서 경험하기 힘들었던 회사 전반적인 상황을 이해하고 재무, 기술, 법률, 투자, 인사 등 다방면으로 고민하고 의사 결정할 수 있는 경험을 쌓고 싶었다. 동시에, 팀을 꾸리고 내가 직접 팀의 인사 활동도 하면서 팀을 키우고 관리해보는 일도 하고 싶었다. 이 두 가지 경험이 나중에 내가 회사를 직접 시작하거나 회사를 경영하는 위치에 갔을 때 가장 유용하게 레버리지할 수 있을 것 같았다.

둘째, 회사가 업계 1등이 아니길 바랐다. 페이스북은 알다시피 소셜 미디어 업계에서 부동의 1위를 오랫동안 지키고 있는 기업이다. 1등 기업에서 일하는 경험도 귀중하고 보람찼지만, 새로운 보금자리에서는 완전히 새로운 경험을 하고 싶었다. 언더독인 회사에 합류해 어려운 상황에서 생존하고 커나가는 과정을 동료들과 함께 경험하고 싶었다. 핀테크 업계를 예로 들면 토스나 카카오페이, 이커머스 쪽에서는 쿠팡이나 당근마켓, 소셜 미디어 쪽에서는 카카오나 라인 등의 회사가 대표적인 대한민국 1등 기업들이다. 이 기업들 중 일부에서는 실제로 오퍼가 나왔고 막상 오퍼가 나오자 고민도 많이 됐지만, 결국 나의 소신 있는 기준을 지키는 쪽으로 결정했다.

셋째, 회사의 문화색이 너무 짙은 회사를 피하고 싶었다. 회사의 성패에 있어 직원들의 업무 문화는 매우 중요한 역할을 한다고 생각한다. 그렇기 때문에 나에게 있어서 회사의 문화를 백지장에서부터 처음부터 그려나가는 기회가 주어진다는 것이 매우 중요했다. 이미 잘 굴러가는 문화를 가진 회사에서 일하는 것은 나에게 배움의 기회가 너무 적어보였고, 또 그렇다고 문화가 엉망인 곳은 가고 싶지 않았다.

뱅크샐러드는 내가 합류할 당시 회사 문화에 대한 고민을 이제 막 시작하고 있는 단계였다. 회사가 스케일 업을 처음으로 하기 시작하면서, 수많은 직원이 대표의 지시 없이 자율적으로 스스로 동기부여되어서 일하게 할 수 있을지를 고민하고 있다고, 대표는 말해주었다. 같이 문화를 만들어가는 경험을 할 수 있는 절호의 기회라고 생각했고, 마찬가지로 이 경험이 추후 나에게 귀중한 자산이 될 것이라고 생각했다.

어떤 사람들은 나에게 세계적인 대기업에 다니다가 왜 뱅크샐러드 같은 사람들이 잘 모르는 조그마한 회사에 들어갔는지 물어보곤 한다. 세계적인 대기업에 5년 이상을 다닌 당시의 나로서는 비교적 작고 아직 성장을 도모해야 하는 단계에 있는 스타트업에서의 경험이 필요했다. 그때 흔들리지 않고 내가 생각한 기준대로 결정한 것에 단 한 번도 후회한 적이 없다.

물론 잘나가는 회사에서 일하는 건 신나고 즐거운 일이다. 그런 기업에서 일하는 것이 본인에게 잘 맞고 본인이 지향하는 쪽으로 성장할 수 있게 도와준다면 당연히 100% 찬성이다. 나도 대학교를 갓 졸업하고 페이스북에 들어갔을 때 정말 많이 배웠고 경험했기에 페이스북을 첫 직장으로 고른 건 신의 한 수였다고 생각한다.

다만 본인의 상황이나 원하는 커리어 패스에 대한 고민을 충분히 하지 않고 그저 좋아 보이기에 또는 남들이 봤을 때 좋아 보이는 직장이어서, 단지 그런 이유만으로 직장을 고르는 건 말리고 싶다. 물론 취업난에 시달리는 사람들에게 이런 말은 현실과 동떨어진 얘기로 들릴 것이다. 하지만 세상 사람들이 다 좋다고 해도 내가 만족하지 못한다면, 결국 아무것도 아닌 것이 된다. 처음에는 사람들이 잘 모르는 회사에 들어갈 수도 있고, 대기업에 비하면 좋은 대우를 못 받을 수도 있지만, 자신에게 맞는 방향을 설정해서 그 길로 꾸준히 간다면 보람 있게 일하면서 큰 성취를 이룰 기회가 반드시 찾아온다.

스티브 잡스가 리드 대학교를 자퇴하고 방황할 때의 일화가 있다. 그는 학교 교정을 배회하다 교내 곳곳에 붙어 있는 포스터 속의 아름다운 서체들을 보고 감명을 받아 아무 생각 없이 캘리그라피 수업을 도강했다고 한다. 당시에는 어떠한 실리적인 목적 없이 단순한 호기심과 재미에 이끌려 내린 결정이지만, 그로부터 10년 후 매킨토시 컴퓨터에 들어가는 서체들을 디자인할 때 당시 수업을 들었던 것이 큰 도움이 되었다고 밝혔다.

인생의 모든 결정을 실리적인 관점에서 내릴 필요는 없다고 생각한다. 오히려 그렇게 하면 아깝게 놓치고 지나가는 경험도 많다. 스티브 잡스처럼 그냥 마음이 시키는 대로 한 번 해보는 거다. 해보고 안 맞으면 그만두면 된다. 그만둘 수 없으면 그 경험을 통해, '이건 나와 안 맞는구나. 다음부터는 하지 말아야지' 하고 배우면 된다. 이런 리스크를 감수하고라도 경험해보는 쪽을 택하는 이유는, 어떤 경험이 언제 어떻게 나에게 도움이 될지 모르기 때문이다. 그리고 내 경험상 어떤 식으로든 도움이 안 되는 경험은 없었다.

정체된 삶을 이제 그만 깨뜨리고 싶다면

익숙한 환경에서 빠져나와 새로운 변화를 시도한다는 건 누구에게나 힘들고 어려운 결정이다. 이는 단순히 얼마나 강한 의지력을 가졌느냐의 문제와는 다르다. 실제로 수많은 행동 전문가들은 사람들이 변화 자체를 싫어하기보다는 상실로 이어지는 변화를 싫어한다고 말한다. 이는 뇌의 기능과 연관이 있는데, 우리의 뇌는 항상 자동으로 '다른 사람들'보다는 '나', '그곳'보다는 '여기', '나중'보다는 '지금'에 초점을 맞추고 행동을 명령하기 때문이다.

내 마음이 정해졌다고 해도 나를 미친 사람 보듯이 하는 주변 사람들의 시선이나 말이 압박으로 다가올 수도 있다. 그도 그럴 것이, 인간은 본능적으로 편안하고 익숙한 상황에 머물고 불편한 상황을 피하려 하기 때문이다. 성향의 차이도 있을 수 있고, 삶에서 추구하는 바도 저마다 다를 것이다. 그러므로 모두에게 당장 회사를 박차고 나오라고 말하는 것은 아니다.

다만 이 점을 생각해봤으면 좋겠다. 회사의 후광이 자신의 것이라고 착각하는 사람들이 있다. 하지만 그 후광은 언제든 사라질 수 있다. 그때 자신에게 남는 것이 뭔지 생각해보라. 혹시 회사의 후광 없이는 아무것도 아닌 사람은 아닌가. 나는 회사의 후광 속에서 안주하기보다 진정으로 내가 성장하고 나의 가치를 올리는 선택을 하고 싶었다.

지금 자신의 삶이 정체되었다고 느낀다면, 설레는 일 하나 없이 관성에 젖어 살고 있다면, 익숙한 곳에서 불편한 곳으로의 모험을 감행해보라고 말하고 싶다. 먼저, 앞에서도 강조했듯이 자신의 인생 목표를 생각해보자. 그 목표가 바로 정체된 삶을 깨뜨리는 결정적인 열쇠가 되어줄 것이다.

뭔가를 바꾸고 싶고 새로운 걸 시도해보고 싶은데 막상 손해 보는 것 같아 결정을 쉽게 내리지 못하겠다는 후배나 친구들의 얘기를 들을 때마다 내가 권하는 습관이 하나 있다. 바로 일상에서 '낯선 환경과 익숙해지는 연습하기'다. 어렵지 않다. 평소 학교로 자주 가는 길이 있다면 어느 날은 일부러 다른 길을 택해서 걸어 가보거나, 같은 식당에 갈 때마다 매번 다른 음식을 주문해본다거나 하는 식이다. 이런 식으로 일상에 작은 변화를 주고 이것을 의도적으로 선택하는 연습을 반복한다면, (목표가 명확하다는 전제하에) 실제 인생의 커다란 결정의 순간 앞에서도 주저하지 않을 수 있다.

CHAPTER 1
우리가 안전지대에서 벗어나야 하는 이유

나를 움직이게 하는
장치를 만들어라

많은 사람이 말한다. 너 자신을 믿으라고. 하지만 그렇게 의지가 강한 사람이 몇이나 될까. 나와의 약속을 얼마 안 가 깨버리고 말았다는 사실에 우리는 절망한다. 이번에도 작심 삼일로 그쳤다며 자책을 한다. 이것은 '나는 왜 이 모양일까', '나는 뭘 해도 안 돼'라는 자기 불신으로 이어지고 만다.

나도 그랬다. 내가 명문대나 유수의 기업에 합격한 사실 때문에 엄청난 의지력을 가졌을 거라고 오해하는 사람이 많은데, 사실은 그렇지 않다. 나 역시 결심했다가 어기고, 자책을 거듭했다. 그러면서 깨달은 사실은 내가 불굴의 의지를 가진 특별한 사람은 아닐지 몰라도, 그렇다고 그리 모자라거나 형편없는 사람도 아니라는 사실이다. 누구나 결심을 했다가 지키지 못하고, 또다시 결심하는 과정을 반복한다. 그렇다면 흔히 말하듯 결심과 의지만으로는 부족한 게 아닐까? 나는 더 이상 나 자신을 과신하지 않기로 했다. 나 자신과의 약속도 믿지 않기로 했다. 대신 내가 택한 방법은 습관을 만드는 것이다. 습관이 되면 내가 의식하지 않아도 몸이 알아서 움직이게 되니까.

그런데 어떤 습관을 만들어야 할까?

"성공하려면 좋은 습관부터 길러라."

이런 문구를 볼 때마다 나는 항상 의문점이 들었다. 좋은 습관이란 건 뭘까? 사람마다 늘려야 할 지식이나 능력, 자산이 다르고, 따라서 길러야 할 습관도 다르다. 그렇다면 나에게 좋은 습관이란 도대체 어떤 걸까?

막연하게 '좋은 습관'이 아닌 '나에게 필요한, 나에게 맞는 좋은 습관'을 찾아내는 법을 참 많이 고민했다. 여러 고민 끝에 내가 내린 결론은, 나에게 좋은 습관을 찾으려면 목표부터 정해야 한다는 것이다. 장기적으로는 '내가 살고 싶은 삶의 모습', 즉 비전이나 목표가 될 것이고, 단기적으로는 그런 삶을 살기 위해 지금 내가 실천해야 하는 일이 될 것이다.

그런 다음에는 지금 내가 처한 상황을 현실적으로 파악하고, 내가 정한 목표와 비교해보면서 그 차이를 정확히 알아야 한다. 그리고 최종적으로, 그 차이를 효율적으로 줄여나가는 것이 '좋은 습관'을 형성하는 기준이 되어야 한다. 오늘부터 내가 실천해야 하는 과제인 셈이다. 이런 기준으로 나는 항상 목표에 다가가는 습관을 만드는 데 노력을 쏟는다. 내가 공부할 때나 업무를 할 때 가장 효율적으로 썼던 세 가지 대표적인 습관을 소개하겠다.

시스템화를 통해 나만의 노하우를 만들어라

일을 하다 보면 잘되지 않을 때도 있지만, 잘될 때도 있다. 일이 잘되지 않을 때는 원인을 분석하는 사람이 많지만 일이 잘될 때는 그렇게 하는 사람이 드물다. 일이 잘된 이유를 재점검하여, 다음번에 비슷한 일을 할 때 그 이유를 다시 적용하는 '시스템화'를 하는 사람은 거의 없는 것 같다. 그래서 다음에 비슷한 일을 했는데 좋은 결과가 나오지 않으면 '아, 이번에는 운이 없었어' 하고 속단해버린다. 이렇게 되면 일을 할 때마다 어떻게 하면 그 일을 잘할 수 있을지 매번 같은 고민에 대한 답을 계속 찾아가야 한다.

공부를 할 때도 마찬가지다. 공부를 잘하려면 반드시 그 날 공부한 내용에 대한 '피드백'을 해야 한다. 하루하루의 피드백이 모이고 모여야 이것이 다음번에 비슷한 문제를 풀 때 강력한 효력을 발휘한다. 실제로 상위권 학생들에게는 '학습 피드백'이 99점과 100점을 가르는 데 결정적인 역할을 한다.

나의 경우는, 공부든 일이든 원하는 성과가 나왔을 때는 반드시 그 성공 이유를 분석하고, 키워드 중심으로 1줄 이내로 요약하여 반드시 기록한다. 페이스북에 근무할 때는 모든 프로젝트를 마칠 때마다 팀원들에게 '회고Retrospective의 시간'을 갖자고 제안했다. 성과가 좋았으면 왜 좋았는지, 못했으면 왜 못했는지를 자유롭게 토론하고, 그 결과를 문서화하는 것이다. 회고의 시간을 가지면, 결과물보다 그 결과물에 도달하게 된 원인을 집요하리만큼 분석하게 되는데, 대개 이 과정에서 궁극적인 성공 요인을 발견할 수 있다. 이것들이 점차 쌓이고 쌓이다 보면 결과가 좋았던 방법, 나만의 노하우가 생기고, 자연스럽게 시스템화된다.

그러다 보면 시간이 지날수록 점점 일의 속도가 빨라지고, 공부하는 학습 시간이 줄어들며, 반대로 성과는 더더욱 좋아진다. 나중에는 내가 습득한 일 처리 시스템을 팀원들에게 알려주어 조직 전체의 업무 속도를 단축하고 성과를 내기도 했다. 그렇게 팀원들에게 업무를 분담하고 나니, 자연스럽게 나는 핵심 업무에만 집중할 수 있었고, 빠른 일 처리 속도에 개인 시간도 늘어나 오롯이 공부에만 집중할 수 있는 시간도 마련할 수 있었다.

타인과의 약속을 레버리지하라

인간은 기본적으로 사회적인 동물이기 때문에 자신과의 약속을 지키는 것보다 타인과의 약속을 지키는 것에 더욱 책임감을 느낄 수밖에 없다. 나와의 약속을 지키지 않는 것에 대한 대가는 개인적인 실망감과 더불어 다음에 더 잘해야겠다는 굳은 결심을 하는 정도에 그칠 가능성이 크다. 반면에, 타인과의 약속을 이행하지 않으면 그에 대한 대가는 무지막지하게 클 수 있다.

우선, 약속을 한 당사자들이 나에 대해 안 좋은 선입견을 가질 수 있다. 하지만, 더욱 무서운 건 나라는 사람에 대한 평판이 손상될 수 있다. 지인 서클 내에서 신뢰도를 잃는 것에 그치지 않고 요즘과 같이 SNS가 발달한 세상에서는 소문이 빠르게 퍼져 나를 모르는 사람들도 나에 대한 편견을 가지게 될 수 있다. 예를 들어, IT 업계에서는 직원이 이직할 때 '레퍼런스 체크 Reference Check (평판 조회)'라는 것을 거의 필수적으로 한다. 레퍼런스 체크를 할 때는 이직자의 실력이나 프로젝트 경력만 확인하지 않고 그 사람의 인성과 협업 능력 그리고 주변 평판을 고려하여 종합적으로 조사한다. 이때, 사소한 약속이라도 지키지 않은 사람에 대한 평판이 좋을 리가 없다.

그래서 주 3회 운동을 하겠다고 개인적인 결심을 하는 것보다는 주 1회 등산을 같이 하는 모임을 만들고, 주 2회는 PT를 끊는 것이 성공 확률이 높다. 나 같은 경우는 '매주 IT 업계 뉴스들을 꾸준히 챙겨 읽어야지'라는 결심 대신 관심사가 비슷한 지인들과의 채팅방에 매주마다 주요 이슈들과 그에 대한 나의 해석을 공유하기 시작했다. 내가 매주 IT 업계 뉴스들을 챙겨보지 않으면 지인들과의 약속을 지키는 것에 차질이 생기기 때문에 억지로라도 실행하게 된다.

나를 움직이게 하는 장치를 만들어라

대학교 4학년, 한창 취업 준비를 할 때의 일이다. 당시 소프트웨어 개발 직군을 지향하고 있던 나는 코딩 인터뷰 준비에 한창 열을 올리고 있었다. 대학교 3학년을 마치고 군대를 다녀왔기 때문에 2년간의 학업 공백기를 채우며 인터뷰 연습까지 해야 하는 상황이라 정말이지 쉴 없이 공부해야 했다.

그때 마음을 다잡고 시간을 효율적으로 쓰기 위해서는 나와의 약속을 해야 했다. 이전의 나였으면 이런 약속을 했을 것이다. 하루에 n시간 인터뷰 준비하기, 매일 아침 일어나서 코딩 인터뷰 기출문제 3개씩 풀기…. 그러나 그렇게 지키지도 못할 약속을 야심 차게 했다가 깨버린 전적이 이미 있었다. 이 중요한 시기에 지키지 못할 약속을 했다가는 또 어길 것이 뻔하지 않은가. 실패를 반복하지 않으려면 다른 접근이 필요했다.

고심 끝에 일종의 '강제 기능 Forcing Function'을 만들기로 했다. 말 그대로 강제적으로 나를 움직이게 하는 장치를 만드는 것이다. 먼저, 나와 같은 수업을 듣는 친구들과 스터디 모임을 만들어서 수업이 끝나고 나서 바로 한 시간 정도 같이 인터뷰 준비를 하기로 했다. 학생 신분으로서 어차피 수업은 들으러 가야 했기 때문에, 밖에 이미 나와 있는 시간을 활용해 동력을 잃지 않고 공부하도록 시간을 디자인한 것이다. 또한, 나 혼자의 결심이 아니라 남들과 같이 공유한 약속이기에 지킬 확률을 높일 수 있었다.

또 한 가지, 수업이 끝나고 한 시간 정도 같이 스터디를 한 후 다 같이 저녁을 먹었다. 사실 별 의도 없이 저녁 시간이 되니까 같이 밥을 먹었던 건데, 예상외의 효과를 보았다. 밥을 먹으면서 자연스럽게 공부의 연장선에 있는 이야기를 하게 된 것인데, 긴장이 풀린 분위기에서 편하게 대화하며 얻은 정보나 지식이 생각보다 많았다. 게다가 저녁을 먹고도 풀리지 않는 문제가 있으면 자기 전까지 모여서 토론하고 공부하는 시간도 가지곤 했다.

수업 시간, 스터디 모임, 저녁 시간, 저녁 후 스터디로 이어지는 이 고리는 너무나도 자연스럽게 느껴졌다. 찌뿌둥한 몸을 일으켜 수업에 나오면서 서서히 생기는 동력을 그대로 살려 그 동력을 역행하는 것이 아닌 순방향으로 점점 끌어올리는 모멘텀이 좋았던 것 같다. 이 모멘텀을 만들어낸 것이 졸업 후 페이스북 합격에도 큰 도움이 되었다.

의식적인 행동은 힘이 약하다. 의지력이 사라지는 순간 행동하지 않게 되고, '할까, 말까' 하는 고민에 빠지기 쉽기 때문이다. 뿐만 아니라 행동하지 않았을 경우, 자책하거나 스트레스에 빠지기도 쉽다. 그러니 '의지'라는 막연한 힘에 기대기보다, 억지로라도 움직일 수밖에 없는 장치들을 만들어

놓자. 이렇게 생긴 습관은 여러분의 목표에 한발 더 다가가
도록 해줄 것이다.

작은 일을 조금씩
가볍게, '스몰빅 사이클'

습관을 만들 때 내가 가장 중요하게 생각하는 포인트는 '애쓰지 않기'다. 무리해서 하려 들면 반드시 실패한다. 그러니 갑자기 큰일을 습관으로 만들기보다는 작은 일에서부터 시작해서, 이것만큼은 반드시 해내겠다는 생각으로 임하는 편이 훨씬 더 좋다.

고등학교 2학년 2학기 때 나는 참 열심히 공부했다. 그래도 내가 목표한 공부량을 채우기엔 시간이 부족했다. 특히 영어 과목에 유독 욕심이 많았던 나는 중요한 시험을 앞두고 잠을 줄여 영어 공부를 추가하기로 했다. 워낙 아침 잠이 많은 탓에 새벽에 일어나는 게 무척이나 힘들었지만, 중요한 시험인 만큼 좋은 성적을 거두려면 반드시 해야만 했다.

'내일부터는 새벽 5시에 일어나서 영어 공부를 한 시간씩 하고 학교에 가야지.'

이렇게 결심하고 알람시계를 맞춰놓았지만, 결과는 예상한 그대로다. '10분만 더'를 외치다 등교시간이 다가와서야 겨우 일어났다. 그러고 나면 자기 전에 또 굳은 결심을 했다. '내일은 진짜 새벽 5시에 일어나야지.' 그런데 문제는, 그런 생각을 하다 보니 아침에 일어나는 것 자체가 극도로 싫어지고, 심지어는 일찍 일어나야 한다는 스트레스 때문에 잠을 못 이뤄 다음 날 늦잠을 자게 되는 경우가 더 잦아졌다.

그래서 나는 방법을 바꾸었다. 목표를 아래와 같이 바꾼 것이다.

· 기존 목표 ·

새벽 5시에 일어난다

· 수정 목표 ·

일어나자마자 침대를 정리한다

일어나는 건 매일 아침 반드시 하는 일이고, 침대를 정리하는 일은 아주 간단한 일이니 부담이 전혀 없었다. 그러다 보니 얼마 후, 아침에 일어나자마자 침대를 깨끗하게 정리정돈 하는 일은 나만의 습관이 되어 있었다. 자연스레 내 방은 깔끔한 상태가 유지되었으며, 방에 돌아왔을 때도 기분이 한결 좋았다. 그런데 이게 공부에 무슨 도움이 되었을까? 결국 아침 공부는 다 물거품이 된 것 아닌가?

그렇지 않다. 이것은 시작일 뿐이었다. 침대 정리정돈이 습관이 되다 보니 자신감이 생겼다. '이것도 했는데, 좀 더 어려운 습관을 만들어볼까?' 하는 도전 의식이 생겨나기 시작했다. 아침 기상 시간을 10분씩 당기는 것에서 시작해, 머지않아 새벽 5시에 일어나는 것까지 성공했다. 가장 사소한 일부터 차근차근 습관으로 만들어나간 것이다.

작은 성공 경험을 쌓는 선순환 구조

워낙 간단한 일이기도 하고, 달성할 수 있을 거란 예감이 드니 당연히 실천하기도 쉬웠다. 이러한 선순환의 구조가 좋은 습관을 만드는 데 기반이 된 것이다. 작은 성공 경험이 선순환을 일으키는 것, 이것을 영어로 '스몰빅 사이클SmallBig Cycle'이라고 한다. 이 스몰빅 사이클은 그때부터 무의식적으로 내 인생의 중요한 순간에서 힘을 발휘했던 것 같다.

중학교 시절 기말고사나 중간고사를 준비할 때 나는 사회 과목들을 유독 어려워했다. 매우 방대한 양의 내용을 모두 암기해야 했고, 나는 단순 암기보다는 개념을 이해해서 응용을 하는 과목들을 선호했기 때문이다. 1학년 때 사회 과목 공부를 할 때는 사회책을 펴고 책상에 몇 시간이고 앉아 책을 정독하곤 했는데, 이 방법은 나를 쉽게 지치게 했다.

그래서 2학년 때부터는 전략을 조금 바꾸었다. 사회 과목 공부를 내가 자발적으로 즐겁게 할 수 있는 방법이 뭘까 생각하다 완급 조절을 하기로 했다. 사회 과목을 공부하는 날 아침에는 꼭 쉬운 수학 문제들을 먼저 풀었다. 수학을 좋아했던 나는 수학 문제 중에서도 아주 쉬워 보이는 수학 문제들만 골라서 풀었다. 당연히 문제집에는 O 표시가 월등히 많았고, 나는 채점하며 알 수 없는 성취감과 만족감을 느끼곤 했다. 그런데 '작은 성공 경험'이 오후에 내가 사회 공부를 할 때 나에게 생각보다 큰 동력이 되었다.

'남들은 못 푸는 수학 문제도 쓱쓱 풀었는데, 외우는 것쯤이야.'

이러한 근거 없는 자신감이 발동한 덕분에 다음 사회 과목 시험에서 성적이 크게 올랐다.

조직에서도 성공 경험이 중요하다

이런 스몰빅 사이클의 경험은 이후 내가 사회에 진출해 조직을 운영할 때도 큰 도움을 주었다. 나는 뱅크샐러드에서 프로덕트 오너를 맡아 크고 작은 조직을 이끌 기회들이 있었다. 조직을 이끌게 되면서 팀의 사기를 어떻게 높일 수 있을지, 어떻게 하면 자발적으로 즐거운 마음으로 일을 하도록 직원들을 유도할 수 있을지, 조직의 효율성을 극대화할 수 있을지 등의 문제에 대해 깊이 고민하게 되었다.

조직 운영에서 나의 경험상 가장 중요한 것은 성공 경험이다. 성공을 경험해보지 못한 팀원들은 무슨 일을 할 때마다 본인들의 역량에 물음표를 던지고, 그러다 보니 문제가 생기면 금방 포기해버린다. 그래서 나는 조직을 운영할 때 업무 진행에 있어 완벽을 요구하지 않았다. 오히려 작은 성취에도 크게 칭찬을 해주는 편이었다. 내가 몸소 경험을 해봤기에, 다른 사람들에게도 분명 그 힘이 발휘될 것이라 믿었고, 실제로 많은 팀원이 자신감을 얻어 자기 분야에서 끝내 성과를 이루는 것을 종종 목격했다.

하루 시작을 '작은 성공'과 함께한다는 것, 그것은 어쩌면 하루 전체를 바꿔놓을 수 있고 나아가 인생 전체를 바꿔놓을 수 있다. 이것은 여전히 내 삶의 철칙이기도 하다. 물론 사람인지라 가끔 습관이 무너질 때도 있을 것이다. 예를 들어 믿었던 사람에게 배신을 당했거나 원하던 시험에 떨어졌다거나 하는 것처럼 인생에서 쓰라린 실패를 맛볼 때는 기존 삶의 사이클이 모두 무너지기도 한다. 내 경험상 큰 실패를 겪게 되면 사람은 작은 실패부터 또다시 반복한다. 침대를 정리하지 않게 되고, 옷을 늘어놓으며, 매사 자신감도 사라지고, 어느 날부터는 내 처지가 비참하고 우울하게 느껴진다.

하지만 이럴 때도 다시 작은 성공부터 시작하면 된다. 다시 침대를 정리하고, 옷을 옷장에 넣는 일처럼 정말 별것 아닌 일부터 시작하는 것이다. 자신을 바꿔야겠다는 조급한 마음에 너무 애쓰지 말자. 그저 끊이지 않게, 작은 일을 조금씩, 가볍게 시작하는 것으로 충분하다.

결정을 주저하고 있다면,
목표가 없다는 뜻이다

　페이스북에 입사한 지 3년 차가 되었을 때, 점심시간에 우연히 동료와 대화를 하다가 회사 내 신사업 팀의 존재를 알게 되었다. '위민 인 이머징 마켓Women in Emerging Markets'이라는 이름의 팀으로 인도, 방글라데시, 파키스탄, 스리랑카 등의 국가에서 페이스북 사용자 간 존재하는 성비 불균형 문제를 해결하는 팀이었다. 해당 국가들의 여성 사용자 수가 남성 사용자 수에 비해 현저히 낮은 이유를 분석하고 해결하려는 팀이라고 설명을 들었는데, 듣자마자 가슴이 마구 뛰었다.

　'너무 풀고 싶은 문제다!'

　그런데 그 팀으로 이동을 희망하는 사람이 나뿐만이 아니었다. 회사 내 많은 동료가 새로운 팀에 들어가 자신의 역량을 발휘하고 싶어 했기에, 치열한 경쟁이 예상되었다. 또 팀을 옮기려고 했다가 잘 안 됐을 경우, 기존 동료들과의 관계가 껄끄러워지진 않을지도 마음에 걸렸다.

하지만 이대로 포기할 수도 없었다. 오랜만에 가슴을 뛰게 하는 일이 생겼는데 이를 허무하게 놓치고 싶지 않았다. 2주 정도 고민한 끝에 매니저에게 신사업 팀으로 옮기고 싶다는 속마음을 털어놓았다.

매니저와의 미팅에 들어가기 전, 내가 예상했던 대화의 흐름은 매니저가 나를 완강하게 말리고, 그런 매니저를 나는 설득하는 것이었다. 그래서 왜 옮기고 싶은지, 내가 옮겨도 팀에 피해가 없는 이유 등을 열심히 생각했다. 하지만 대화는 내 예상과는 다르게 흘러갔다. 새로운 팀에 합류하고 싶은 이유를 열심히 설명하고 있는 나에게 매니저는 뜻밖의 질문을 던졌다.

"그 팀의 미션이 당신의 인생 목표와 무슨 상관이 있죠?"

나는 전혀 예상치 못한 질문에 너무 당황해서 제대로 답을 하지 못했다. 횡설수설하는 나에게 매니저는 다음 미팅 때까지 답변을 생각해오라고 했다. 이미 내 안에 답이 있을 것이라며 잘 찾아보라고, 그 답을 찾게 되면 새로운 팀에서 더욱 행복하고 열심히 일할 수 있을 것이라며 용기를 주었다.

집에 돌아가서 나는 매니저의 조언을 되새기며 내가 왜 신사업 팀의 업무를 들었을 때 흥미를 느꼈는지 생각해봤다. 어린 시절부터 학창 시절까지, 내가 품었던 인생의 목표를 하나씩 떠올려보며 한 주간 골똘히 생각했다. 그런 과정을 통해 나는 나 자신을 더욱 잘 이해할 수 있게 되었다. 인터넷 상에서 성비 불균형이 발생하는 문제에 대해 내가 왜 열정을 가지는지, 단서를 찾을 수 있는 경험이 몇 가지 떠올랐다.

목표가 있으면 선택이 쉬워진다

매니저와의 두 번째 미팅 때 나는 그 경험들을 이야기했다. 16살 때 네팔에 가서 봉사활동을 하며 네팔의 청각 장애 학생들에게 노트북으로 영화를 보여준 이야기, 아버지가 일본에서 배운 기술과 경험을 살려 한국 기술 발전에 이바지하는 것을 보고 자란 이야기 등을 한 시간도 넘게 설명했다. 그런 경험을 통해 기술이 소외된 사람을 도울 수 있고 불평등을 해결할 수도 있지만, 기술로 인해 격차가 생길 수도 있다는 걸 어렴풋이 깨달았다. 그러면서 세상에 존재하는 디지털 경험의 불균형을 해결하는 일에 흥미를 가지게 된 것 같다고 말했다.

그 미팅 이후 매니저는 나의 팀 이동을 적극 찬성하고 지원해주었다. 덕분에 나는 새로운 팀으로 이동해서 더욱 행복하고 보람차게 일할 수 있었다. 뿐만 아니라 직장인인 나를 넘어 나라는 사람이 내적으로 크게 성장한 계기가 되었다.

이때의 경험을 통해 나는 인생에 있어서 큰 목표를 세우는 것이 얼마나 중요한 일인지 새삼 느꼈다. 내가 치열한 경쟁을 뚫고 신사업 팀 이동이라는 기회를 차지할 수 있었던 것은, 목표가 뚜렷했기 때문이다. 그래서 그게 내 인생의 목표에 다가갈 수 있는 기회라는 사실을 알아차렸고, 누구보다 열정적으로 임할 수 있었다.

목표가 정확하면 선택하는 힘이 더욱 강해진다. 지금 내 상황에서, 더 나아가 내 인생에서 무엇이 더 중요하고 무엇이 덜 중요한지를 깨닫고, 우선순위를 매길 수 있다. 불필요한 수고를 덜고, 내게 주어진 노력과 에너지, 시간, 돈의 낭비를 막을 수도 있다. 인생에서 하고 싶은 일이 무엇인지를 명확히 알면, 괜히 돌아가는 헛수고를 줄일 수 있다는 뜻이다.

나아가 목표를 성취하려면 성과 중심보다는 개인적인 발전의 관점에서 목표를 설정해야 한다는 것도 깨닫게 되었다.

가령, '신사업 팀 이동 후 3개월 이내에 성과를 내겠다'가 아니라, '나의 과거 경험을 통해 신사업 팀원들에게도 긍정적인 영향을 주는 리더가 되겠다'라는 식으로 나 자신의 발전을 독려할 수 있는 목표를 세워야 한다. 이렇게 세운 목표는 실제 업무가 주어졌을 때 열정적으로 일하게 만드는 강력한 원동력으로 작용한다.

인생은 선택의 연속이다. 목표가 명확하지 않은 사람은 선택에 맞닥뜨릴 때마다 헤매게 된다. 반면 뚜렷한 목표가 있으면 그 목표가 곧 나침반이 되어, 인생에서 크고 작은 결정의 순간이 찾아올 때마다 목표에 한 발짝 더 다가가는 선택을 할 수 있다. 시간이 지나고 보면 그때의 선택들이 이어져 선이 되고, 그 선이 결국 내가 원하는 인생의 방향으로 이어진다.

'할 수 없어'라는 불안감에
압도당하지 않으려면

'매일 자기 전에 목표를 한 번씩 일기장에 썼더니 정말 이루어졌다.'

'내가 되고자 하는 꿈을 하루에 세 번씩 가슴속으로 되뇌었더니 정말 그렇게 되더라.'

흔히 자기계발서에서 자주 등장하는 말이다. 마음먹기에 달렸다느니, 긍정적인 생각을 하면 성공한다느니, 이런 책을 한 번쯤 읽어본 적 있을 것이다. 처음에는 그런 책을 봐도 별로 와닿지 않았다. 노력 없이 인생을 쉽게 살고 싶은 사람들이나 하는 자기 위로에 불과하다고 치부했다. 그런데 이것이 단순히 정신승리가 아님을 깨달았던 계기가 있었다.

페이스북 본사에서 5년 차로 일하던 때 이직을 마음먹었다. 그런데 회사를 다니면서 이직을 준비하는 것은 여간 어려운 일이 아니었다. 절대적으로 시간이 부족하기도 했고, 한창 바쁜 프로젝트가 돌아가고 있는 와중에 이직 준비를 위해 다시 공부를 하고 면접 연습을 하는 학생의 자세로 돌아간다는 것이 쉽지 않았다. 5년이 넘게 개발자로 일해 왔지만, 면접을 준비하는 것은 또 다른 일이었다.

테크 회사에서 개발 직군을 뽑을 때 보통 공통적으로 보는 테스트가 두 가지 있는데, 하나는 코딩 테스트이고, 또 하나는 소프트웨어 시스템 디자인 테스트다. 경력이 아무리 긴 사람일지라도 컴퓨터공학의 기본적인 원리부터 커다란 소프트웨어 시스템을 안정적으로 구축하고 운용하기 위해 필요한 각종 지식을 습득하고 주어진 시간 내에 문제를 풀기 위해 평소 꾸준한 연습을 해야 한다.

처음에는 공부가 잘되지 않았다. 일단 어느 정도 범위가 정해진 학습 공부와는 달리, 업무에 관한 공부는 해야 할 내용이 워낙 광범위했다. 게다가 하루 종일 일을 하고 집에 돌아와 녹초가 된 몸으로 책상에 앉아서 공부를 한다는 것이 여간 어려운 일이 아니었다. 기출 문제를 풀기 위해 앉아도 금방 잠이 들어버리기 일쑤고, 문제 하나를 풀더라도 굉장히 많이 틀려 오히려 사기가 저하되는 악순환이 반복되었다. 그러다 보니 회사에서도 슬럼프가 오기도 하고, 평소에도 무기력증이 왔다. 이직 준비도 순조롭지 않고 현재 일에도 피해가 되고, 이도 저도 안 되니 이게 무슨 짓인가 싶었다. 이직 준비를 포기해야 하나 싶을 정도였다.

스스로를 칭찬하는 습관

현실에 안주하지 않고 나 자신을 더 발전시키기 위해 시작한 이직 준비 때문에 오히려 슬럼프와 무기력에 빠져버렸다. 내 욕심이 과했는지도 모른다. 작은 것이라도 성취감을 통해 나 자신을 북돋우는 수밖에 없다고 생각했다. 초심으로 돌아가 기본적인 지식부터 습득하고 쉬운 문제들부터 풀기 시작했다. 5년 이상의 경력을 가지고 있던 나였지만 컴퓨터 공학을 갓 배우기 시작한 어린 학생들도 쉽게 풀 수 있는 문제들부터 풀기 시작했다. 그리고 한 문제 풀 때마다 스스로를 칭찬했다. 짧은 함수를 작성하면 나 자신에게 '거봐, 잘할 수 있잖아'라고 칭찬을 하기도 하고, 다섯 줄까지 코드 작성을 한 후에도 나 스스로에게 잘했다고 마음속으로 격려를 하곤 했다. 사실 이 정도의 일로 스스로를 칭찬한다는 게 우습게 들릴 수도 있다. 마치 농구선수가 경기에서 패스 한 번 잘했다고 셀프 칭찬을 하는 격이니 말이다.

지푸라기라도 잡는 심정으로, 내 곁엔 나밖에 없으니 스스로를 응원해준 것인데, 계속하다 보니 습관이 되었다. 그리고 이것이 슬럼프를 벗어나 이직 준비를 잘 마무리할 수 있었던 결정적인 힘이 되었다. 쉬운 문제를 풀고 스스로를 칭찬하며 점점 어려운 문제를 풀 수 있다는 자신감이 생겼다. 말버릇처럼 "잘했어", "저것도 했는데 이거라고 못하겠어?"라는 식으로 스스로에게 주문을 걸 듯 말했다. 스스로를 인정해주고 격려해주는 일이 남들에게 인정받는 것보다 훨씬 더 큰 힘이 된다는 걸 그때 처음 몸소 느꼈고, 여기에서 비롯된 자신감을 동력 삼아 이직 준비에도 힘을 낼 수 있었다. 퇴근후에도, 주말에도 공부를 했고, 시간을 들인 만큼 성과도 나타나기 시작했다. 그 결과 지원한 많은 회사에서 좋은 소식을 들을 수 있었다.

좋은 생각을 습관화하자

스스로를 칭찬하는 내 습관을 혹자는 그것도 습관이냐며 비웃을 수도 있겠다. 하지만 이것은 무의식과도 어느 정도 연관이 있다고 생각한다. 소위 성공한 사람들을 보면 무의식적으로 긍정적이고 진취적인 생각을 하는 걸 볼 수 있다. 그런 생각이 습관화되어 있는 셈이다. 나도 처음부터 정말 내가 잘했다고 해서 칭찬한 건 아니다. 그런데 칭찬하다 보니 정말 내가 잘했다고 믿게 되었다. 그러면 행동도 바뀐다. 나는 잘하고, 잘될 것이므로 더 도전하게 되고 모든 일에 적극적으로 나서게 된다.

긍정적인 생각을 습관화하는 방법은 의지력이 약해서 자신을 잘 통제하지 못한다거나 어떤 일에 금방 싫증을 내는 사람들에게는 특히 더 효과적이다. 나같이 생각이 많은 사람에게 다른 생각할 틈을 주지 않기 때문이다. 생각이 많으면 어떤 일을 할 때 '이 일을 해도 될까? 안 되면 어떡하지?'라는 고민하느라 시간을 낭비한다. 하지만 긍정적인 생각이 습관이 되면 부정적인 생각이 끼어들 틈이 없어진다.

무의식적으로 생각하고 행동하는 것의 힘은 강하다. 게다가 무척 편리한 방법이기도 하다. 습관화된 행동은 어느 정도 익숙해지면 무의식화되어 가속도가 붙는다.

'스스로 칭찬하는 습관'처럼 남들이 보기에는 다소 유치하고 사소한 습관일지라도, 나만의 생각 습관을 반복하여 무의식을 바꾸려고 노력해보자. 그 습관을 의식하지 않게 될 때까지 말이다.

'하루 한 번 감사하는 습관'도 좋고 '할 수 있다고 외치는 습관'도 좋다. 아주 사소한 생각 습관 하나가 내 행동에 어떤 변화를 일으키는지 지켜보자. 좋은 생각을 습관적으로 반복하면 좋은 행동 습관으로 이어질 것이고, 행동 습관을 반복하면 인생이 바뀔 것이다. 나는 그렇게 믿는다.

내 뜻대로 안될 때,
감정에 휘둘리지 않는 법

목표를 세우고, 자기에게 맞는 좋은 습관을 찾는 것은 중요하다. 하지만 그만큼 아니 그보다 중요한 습관이 하나 더 있다. '감정에 휘둘리지 않는 습관'이다.

감정이란 것은 정말 무서워서 우리가 아무리 완벽한 목표를 세우고, 좋은 습관을 꾸준히 실천하더라도, 한순간에 노력해온 모든 것을 망쳐버리는 엄청난 힘이 있다. 나의 경우는 어릴 때부터 완벽주의자 성향이 있어서 그런지 뭔가 내 뜻대로 풀리지 않거나 결과물이 좋지 않으면 크게 자책하며 스스로에게 상처를 내곤 했다.

미국 버클리 대학에서 EECS(전기전자컴퓨터공학)를 전공했을 때 일이다. EECS 전공은 버클리에서도 가장 학업량이 많고 점수를 짜게 주기로 유명했다. 지금이야 컴퓨터공학 전공이 각광받는다고 하지만, 내가 대학에 입학했던 2008년도만 하더라도 미국에서 컴퓨터공학을 전공하는 한국인은 많지 않았기 때문에 학업을 수행하는 데 도움을 받을 만한 선배도 딱히 없었다.

하루하루 엄청난 학업량과 전 세계에서 온 뛰어난 학생들 사이에서 경쟁해야 하다 보니 스트레스가 이만저만이 아니었다. 교수님이 내준 과제를 이해하는 데도 몇 시간이나 걸렸고, 시험 기간에는 매일같이 밤을 새우는 일도 허다했다. 시간이 흘러 나는 서서히 지치기 시작했고, 체력적으로 한계에 다다르니 욱하는 감정까지 들기 시작했다. 한국에서 계속 학교를 다녔다면 이렇게까지 고생하지 않았을 텐데, 왜 굳이 먼 미국까지 와서 이러고 있나 하는 후회가 물밀듯이 밀려왔다.

카이스트에서 힘들게 공부하던 시절이 떠올랐다. 그 지독한 경쟁과 압박을 이겨내고 새로운 도전을 선택했는데, 공부도 힘들고 스트레스도 쌓이다 보니 다 때려치우고 당장이라도 한국으로 돌아가고 싶었다. 한편으로는 또다시 포기할 생각부터 하는 나 자신에게 실망감이 커졌다. 온갖 부정적인 생각들이 꼬리에 꼬리를 물며 내 정신을 순식간에 지배했다.

'왜 나는 힘들면 매번 포기할 생각부터 하는 걸까?'

'이래서 나중에 뭘 할 수나 있긴 할까?'

아침에 눈을 뜨는 시간이 점점 늦어졌고, 규칙적으로 해 오던 스트레칭과 운동도 건너뛰는 일이 잦아졌다. 그동안 잘 지켜온 나만의 밸런스가 순식간에 무너지고 있다는 걸 알고 있었지만, 그렇다고 해서 딱히 내가 할 수 있는 일은 없어 보였다.

한발 물러서는 연습

여느 때와 같이 책상에 앉아 몇 시간째 머리를 싸매며 시간을 흘려보내던 어느 날, 이대로는 안 되겠다는 생각이 들어 도서관 앞으로 산책을 나섰다. 머릿속을 지배한 온갖 잡념을 없애기 위해 나는 일부러 길가에 나무가 몇 그루인지 세어보기로 했다.

그날 처음 알았다, 도서관 앞에 그렇게 수십 그루의 아름다운 나무가 있었는지. 나무를 세기로 작정하고 찾아보니, 그 많고 많은 사물 중에서도 오직 나무만 내 눈에 띄었다. 종류도 제각각이었다. 신기했다. 분명 나무들은 어제도, 지난주에도 몇 달, 몇 년 전에도 늘 이 자리에 있었을 텐데, 나는 오늘에서야 이 나무들의 존재가 눈에 들어온 것이다. 그건 내가 오늘 나무를 세기로 마음먹었기 때문이었다.

그러자 모든 게 내 마음먹기에 달렸다는 생각이 들었다. 완벽주의자 성향이 있어서 유독 점수 하나에 온통 신경 쓰고 예민해했던 나 자신을 돌아보았고, 이곳 버클리까지 와서 공부를 하고 있는 이유를 다시 떠올려보았다. 그저 사회적으로 인정받고 남들이 알아주는 삶을 살고 싶었다면, 카이스트를 졸업하고 대기업에 취업하면 그만이었다. 하지만 나에게는 내가 배운 지식과 경험을 나의 재능이 필요한 곳에 기여하고 싶다는 꿈이 있었다. 그게 한국이든 아프리카든 말이다. 그러기 위해서 더 넓은 세상을 겪어보고, 더 다양한 외국인 친구들과 교류하고 싶어 모든 리스크를 감안하고서 힘들게 이곳에 온 것인데, 공부가 뜻대로 잘되지 않는다고 해서 쉽게 무너지는 게 말이 되는가.

정신이 번쩍 든 나는 내 마음을 잘 통제해보기로 했다. 쉬고 싶다, 하고 싶지 않다는 마음을 누그러뜨리고, 이 같은 감정 소모적인 상황에서 빨리 벗어날 방법을 강구했다. 우선 내가 현재 '할 수 있는 것'과 '할 수 없는 것'부터 명확하게 구분하기로 했다.

• 할 수 있는 일 •

☑ 아침에 평소보다 한 시간 일찍 일어나
　그날 강의 내용을 한 번씩 미리 읽어보기

☑ 교수님의 강의 내용을 녹음해
　수업이 끝난 뒤 3번 이상 듣기

☑ 그래도 모르는 내용은 친구에게
　물어봐서라도 반드시 해결한 후 필기해두기

그런데 딱 한 가지, 내가 절대 할 수 없는 일이 있었다. 결과, 즉 '점수를 잘 받는 것' 말이다. 그건 내가 어떻게 할 수 있는 일이 아니므로 내가 아무리 걱정하고 불안해하더라도 어쩔 수 없는 일인 것이다. '점수'에 집착하는 것은 쓸데없는 감정 소모에 불과하다는 생각이 들었고, 대신 그저 내게 주어진 하루하루를 내가 할 수 있는 것에만 집중하며 충실히 보내려고 애썼다. 그러자 불안이나 조급함이 많이 줄면서 공부에 더 집중할 수 있게 되었다.

그 후 나는 어떤 일이 일어나도 내 감정에 함몰되지 않기 위해 한발 물러서서 보는 습관을 들였다. 책만 들여다볼 때는 책밖에 안 보이지만, 한발 물러서서 보면 책 앞의 창문과 창문 밖의 나무까지 시야에 들어온다. 지금 당장은 공부나 일이 잘 풀리지 않으면 세상이 무너지는 것 같지만 한발 물러나면 내 앞에 펼쳐진 더 큰 세상과 나에게 주어진 더 많은 시간이 보인다. 내가 아주 크고 긴 여정의 과정에 있다는 걸 깨달으면 지금의 과제에 최선을 다하되 연연하지 않게 된다.

더 큰 그림을 보자

이렇게 터득한 습관은 훗날 내가 사회생활을 할 때도 엄청난 무기가 되어주었다. 페이스북 입사 1년 차에 나는 동기들에 비해 뛰어난 성과를 거두어 비교적 빠른 시기에 첫 번째 승진을 할 수 있었다. 실리콘밸리에서도 우수한 인재들이 모인 곳에서 기죽지 않고 열심히 일한 덕분에 이룬 성취라서 그런지 의미가 남달랐다. 승진도 하고 성공보수도 받고 월급도 오르자 세계적인 일류 회사가 나를 인정해준다는 생각에 자신감이 잔뜩 올랐다. 무엇보다 일적으로 욕심이 생겨서 무슨 일이든지 할 수 있을 것만 같았다. 비록 주어진 업무가 너무 많아 힘든 때가 더 많았지만, 오직 '연속 고속 승진'이라는 단기 목표만 바라보며 내게 주어진 성과를 달성하기 위해 열심히 달렸다.

그렇게 1년 6개월이 흘렀다. 두 번째 인사평가에서도 승진을 기대하며 결과를 기다리고 있는데, 매니저로부터 메일이 왔다.

'루카스, 아쉽게도 이번 승진 대상자 명단에 들지 못했습니다. 당신이 얼마나 승진을 기대하고 열심히 했는지 알기에 정말 미안하게 생각합니다.'

승진 실패 소식을 받게 된 나는 몹시 충격에 빠졌다. 내 나름대로는 모든 준비가 되었다고 생각했고, 성과도 기대 이상으로 달성했기에 당연히 이번에도 승진이 가능하리라 생각한 것이다. 입사 후 원했던 결과물을 성취하지 못한 적은 그때가 처음이었던 것 같다. 너무도 기대했던 승진이었기에 메일을 확인했을 때 허탈감은 매우 컸지만, 승진 좌절 경험 하나에 무너지기엔 내 커리어가 너무 소중했다.

어차피 되돌릴 수 없는 결정이었기에 이미 나온 결과에 대해 아쉬워하고 슬퍼하기보단 당장 내일 처리해야 하는 일에 집중하기로 마음을 고쳐 먹었다. 다행히 나는 내가 페이스북에서 하는 일의 의미를 정확히 이해하고 있었다. 당시 내가 진행하고 있던 프로젝트는 인도 여성들에게 더욱 안전한 온라인 경험을 주는 것이 목적이었다. 이 미션에 공감해서 프로젝트를 맡기로 했으니 몇 날 며칠을 슬퍼하기보다는 그 시간에 한 명이라도 더 인터뷰하는 것이 중요했다. 그렇게 생각을 바꿔 먹으니 금방 일어나 다시 업무에 몰입할 수 있었다.

또한 큰 그림에서 내 커리어 목적에 대해서도 개인적으로 분명하게 인지하고 있었기에 슬럼프에서 비교적 빨리 벗어날 수 있었다. 승진과 월급만이 삶의 가장 큰 동력이라고 생각했다면 주저앉을 수도 있겠지만, 나에게는 최종적으로 나의 사업을 하고자 하는 목표가 있었다. 따라서, 하나의 실패에 일희일비하는 것보다 테크 업계 종사자로서 하루라도 빨리 성장하는 것이 중요하다는 걸 몸이 알고 있었다.

만약 내가 뚜렷한 목적 없이 그저 하루살이 직장인으로 의미 없이 회사를 다니고 있었다면 승진을 못한 것에 대한 좌절감에 상사의 뒷담화를 하거나 신세 한탄이나 하면서 허송세월했을 수도 있었을 것이다. 하지만 나는 더 큰 꿈, 더 큰 그림을 보고 있었고, 그 그림이 나에겐 뚜렷한 목표로 잡혀 있었기 때문에 바로 일어나 다시 정진할 수 있었다.

한발 뒤로 물러서서 더 큰 그림을 보면, 힘을 빼고 유연한 사고방식을 가질 수 있다. 이전보다 넓은 시야를 가지게 되고, 불필요한 곳에 일희일비하지 않고 진짜 필요한 곳에만 에너지를 쏟을 수 있다. 만약 지금 공부를 하거나, 승진을 위해 일을 하거나, 삶의 변화를 위한 뭔가를 하고 있다면, 당장 성적(결과)이 오르지 않아도 공부(시도)를 하는 과정 자체가 스스로를 훈련하는 과정이라고 생각해보기를 권한다. 그리고 딱 내가 할 수 있는 만큼만, 대신 후회하지 않겠다는 마음으로 최선을 다해 꾸준히 해내는 것. 오직 거기에만 집중해야 한다. 나머지는 그저 파도에 몸을 맡기듯이 순리를 따르면 된다.

더 나아가, 감정에 휘둘리지 말고 한발 물러나 최대한 객관적으로 살펴본 뒤에는 스스로를 긍정적으로 설득해야 한다. 성공에는 노력뿐만 아니라 운도 필요하다. 내 능력 밖의 일까지 일일이 미리 앞서 걱정할 필요는 없다. 때로는 냉철한 판단력보다 적당한 융통성이 더 유용할 때가 있는 법이다.

포기하고 싶어질 때,
힘이 되어준 문장들

마음이 지쳐 있으면 무엇을 해도 능률이 오르지 않는다. 이럴 때 곁에서 조언해줄 누군가가 없다면, 나만의 인생 문장을 정하여 틈틈이 들여다보는 방법을 추천한다. 내가 지금 가는 길이 잘못된 길은 아닐까 불안한 마음이 든다거나, 크고 작은 벽 앞에서 좌절감이 들 때면 인생 문장을 되뇌이며 그 힘을 빌려보자.

나의 경우도 몇 가지 문장을 수집한 뒤 책상 맡에 두거나 노트북 바탕화면에 적어두면서, 마음이 흐트러질 때마다 읽고 또 읽었다. 때로는 구구절절한 백 마디 말보다 더 강력한 힘을 가진 문장 하나가 나를 지탱해주고, 성장하게 한다.

"흔들리는 건 당신의 눈이다. 활시위를 당기는 손이다.
'명중할 수 있을까' 의심하는 마음이다.
과녁은 늘 그 자리에 있었다."
—미상

"당신 스스로가 하지 않으면
아무도 당신의 운명을 개선해주지 않는다."
—베르톨트 브레히트

"모두가 시궁창에 빠져 허우적댈 때,
누군가는 밤하늘의 별을 본다."
—오스카 와일드

"기다리지 말라.
적절한 때는 결코 오지 않을 것이다."
—나폴레온 힐

"일을 미루는 사이에
인생은 빠르게 지나간다."
—세네카

PART 1
우리가 안전지대에서 벗어나야 하는 이유

"과거를 바꿀 수 없지만,
　미래를 너무 걱정하느라
　현재를 망칠 수는 있다."
　　―미상

"삶을 사랑하는가? 그렇다면 시간을 낭비하지 말라.
　인생은 시간으로 이뤄지기 때문이다."
　　―벤저민 프랭클린

"작은 일들을 생각하는 동안 큰일을 생각해야 한다.
　그래야 작은 일들이 올바른 방향으로 나아간다."
　　―앨빈 토플러

"인생은 곱셈이다.
　어떤 찬스가 와도 네가 제로면
　아무 의미가 없다."
　　―미상

C H A P T E R 2

공부, 새로운 삶을 위한 가장 쉬운 지렛대

성적과 인생을 뒤바꾼 공부 습관

자존심을 지키고 싶어서,
스스로 책상에 앉다

초등학교 시절 나는 여느 또래 남자아이들처럼 공부보다는 축구와 게임에 푹 빠져 있던 아이였다. 그렇다고 성적이 아예 나쁜 편은 아니었다. 공부를 하긴 했으나 딱히 '잘하고 싶다'는 욕심이 있었다기보다는 부모님이 하라고 하니까 으레 했던 것 같다. 그랬던 내가 공부를 시작하게 된 계기는 난생처음 영어학원에 갔을 때다. 내 또래의 친구들이 어찌나 영어를 잘하던지, 어린 나이에 적잖이 충격을 받았다.

교육에 관심이 많았던 어머니는 내가 일곱 살이 되었을 무렵부터 늘 영어 동화 테이프나 영어 동요를 틀어놓았다. 어린 내가 그 뜻을 다 이해하기는 당연히 불가능했지만, 반복해서 듣다 보니 나도 모르게 은연중에 영어 동화와 동요를 따라 하기 시작했고, 언제부턴가는 아예 스토리를 전부 외워 버렸다. 주위에서는 어린 나에게 '영어 천재'라는 수식어를 붙이며 치켜세웠고, 나는 초등학교 6학년 때까지 내가 정말 영어에 천부적인 재능이 있는 특별한 아이라고 믿어 의심치 않았다. 그런데 엄마 손을 잡고 따라간 영어학원에서 인생 처음으로 충격적인(?) 진실을 마주하게 된 것이다. 나는 영어 천재가 아니었다.

일단 그 친구들은 대부분 해외에서 생활한 경험이 있었다. 몇몇 친구의 경우는 한국어보다 오히려 영어가 더 편하다고 말할 정도였다. 어머니한테 "얘네들은 왜 이렇게 영어를 잘 해요?" 하고 물으니, 다들 특목고를 준비하고 있기 때문이라 고 했다. 한번은 다 같이 영어책을 읽는데, 읽는 속도가 어찌 나 빠르던지 나는 차마 읽지 못해서, 기어 들어가는 소리로 입 모양만 뻐끔거리며 읽는 시늉만 했다. 영어로 글을 쓰는 수업을 할 때도 반 아이들은 대부분 힘들이지 않고 술술 써 내려갔지만, 나는 연필을 들었다 놨다 하기를 반복하다가 결국 빈 종이를 제출하는 날이 더 많았다.

지기 싫어서 시작한 공부

영어학원에서 집으로 돌아오는 길에는 언제나 '쪽팔리다' 라는 느낌이 강하게 들었다. 자존심이 상했다. 나름 영어만큼은 자신 있다고 자부해왔는데, 알고 보니 나보다 훨씬 더 잘하는 애들이 많았다는 사실을 인정해야 했다.

그때 처음으로 '공부를 해보자'라는 생각이 들었다. 하지만 제대로 공부한 경험이 없었기에 어떻게 공부를 해야 할지 막막했다. 그래서 우선은 무식한 방법을 택했다. 방과 후 매일 100개씩 영어 단어를 외우기 시작했고, 매일같이 공책 한 페이지 분량의 영어 일기를 썼다. 쉬는 시간이나 점심시간에는 애니메이션을 보거나 영어 동화를 들었다. 한 번도 해외에 가본 적이 없는 순수 국내파였던 내가 해외 유학을 다녀온 친구들과 경쟁해서 이기려면 그저 2배, 3배 더 노력하는 것밖에는 별다른 도리가 없었다.

그런데 신기하게도 이때의 경험이 하나의 발화점이 되었다. 처음 책상에 앉아 공부를 시작했던 건, 어떻게든 영어 성적을 올려서 내가 다른 친구들보다 결코 뒤떨어지지 않는다는 걸 스스로 증명해내기 위해서였다. 어릴 때부터 나 스스로를 영어 천재라고 믿어왔던 자존심을 지키기 위해서였다.

그 목적을 이루기 위해 영어를 밤낮으로 미친 듯이 공부했던 경험을 한 번 하고 나니까, 어느새 공부하는 습관이 몸에 배게 되었다.

실제로 영어 성적도 눈에 띄게 상승했다. 그러다 보니 할 수 있다는 자신감이 붙으면서, 다른 과목들도 잘하고 싶다는 욕심이 붙기 시작했다. 이렇게만 꾸준히 하면 그때 그 영어 학원 아이들이 그토록 가고 싶어 하는 특목고에 나도 충분히 갈 수 있겠다는 희망까지 생기기 시작했다.

공부가 습관이 될 때까지

영어를 악바리처럼 공부하면서 몸에 밴 습관은 다른 과목을 공부할 때도 자연스레 나왔다. 중간고사, 기말고사가 있는 주간에는 몇 날 며칠이고 밤을 새워가며 공부를 했고, 암기 과목은 특히나 교과서 내용을 글자 토씨 하나 안 틀리고 외울 때까지 읽는 버릇이 생길 정도였다. 그 결과, 중위권 순위에 불과했던 학교 내신 성적이 전교 5등까지 단박에 치고 올라갔고, 이후에도 늘 꾸준히 전교 1~5등 수준의 성적을 유지할 수 있었다. 영어의 경우, 당시 CBT 300점 만점 기준 무려 293점을 기록하며 중학생으로서는 굉장히 뛰어난 성적을 받았다. 게다가 운이 좋았는지 마침 그해 용인외대부고가 신설되었고, 여기에 지원해 합격 통보를 받으면서 결국 특목고 진학까지 성공하는 기쁨을 누렸다.

공부 잘하는 친구들 사이에서 자존심을 지키고 싶었던 건 계기였을 뿐, 공부에 몰입해본 경험이 계속 공부를 하게 만들었다. 그러다 보니 마침내 공부가 일상처럼 자연스러운 습관이 되었다. 공부가 습관이 되면서부터는 남들이 봤을 때 대단해 보이거나 인정해주는 것은 중요하지 않게 되었다. 물론 한번 1등이 되어보니 그것을 놓치고 싶지 않다는 마음이 강해지기도 했다.

공부를 하지 않다가 처음 시작할 때는 누구나 힘들다. 나도 그랬다. 몇 시간이고 책상 앞에 앉아 있는 게 몸에 배려면 그만한 시간과 노력이 필요하다. 그 정도는 사람마다 다르겠지만 반복하면 반드시 습관이 될 수 있다. 단 한 번만이라도 몸과 마음을 다해 공부해보고, 그 결과 성과까지 얻는다면, 그다음부터는 저절로 공부하게 될 것이다.

용인외대부고라는 벽 앞에서
무너진 나를 살린 것

그토록 피나는 노력을 해서 겨우 진학한 용인외대부고에서의 생활은 생각만큼 호락호락하지 않았다. 들뜬 마음으로 입학해 처음 치르게 된 중간고사에서 정말 처참한 성적표를 받았다. 자신 있었던 수학 성적까지도 평균 이하의 성적을 받으며 당시 내 자존심에 큰 스크래치를 입었다. 영어학원에서 자존심이 상했을 때처럼 다시 밤낮으로 공부했으면 좋았겠지만, 이번엔 달랐다. 그때는 공부를 처음 시작했고, 한 만큼 성과가 나오니까 재미가 있었다.

하지만 이제껏 열심히 공부해왔는데도 다시 벽에 부딪히자, 나는 결국 무너지고 말았다. 어쩌면 번아웃과 함께, 해도 안 된다는 무기력이 찾아왔던 건지도 모른다.

그때부터 나는 책상에 앉기조차 싫어졌고, 그렇게 공부는 점점 나에게서 멀어져 갔다. 더 무서운 것은, '하기 싫다'는 마음이 생기자 그동안 억눌려 있던 다른 호기심들이 순식간에 비집고 들어오기 시작했다는 것이다. 용인외대부고는 모든 학생이 기숙사 생활을 한다. 따라서 마음만 먹으면 얼마든지 방에서 밤새 게임을 할 수 있었다. 물론 사감 선생님들이 돌아다니며 지도를 주거나 관리를 하긴 했지만, 자는 척 불을 끄고 눈을 속이면 그만이었다. 그렇게 게임을 하느라 밤을 새우고, 전날 못 잔 잠을 수업 시간에 보충하는 나날이 계속되었다.

당연히 시험 성적이 잘 나올 리가 없었다. 그렇게 무기력하게 1학년을 보냈다. 2학년이 되어서도 별반 다르지 않았다. 상처 난 자존심과 이미 상실한 공부 의욕이 한순간에 다시 생길 리는 만무했다.

흔들린다면 목표를 재설정하자

그러던 어느 날, 아버지가 기숙사로 나를 찾아왔다. 성적이 자꾸 떨어져서 부모님의 눈치만 살피고 있던 터라 굳이 안 와도 된다며 말렸지만, 그냥 밥이나 한 끼 하자며 나를 찾아온 것이다. 나는 잔뜩 쫄아서 아버지를 만나러 갔다.

그런데 아버지는 내 성적에 대해 단 한마디 언급도 하지 않았다. 요즘 기숙사 생활은 어떤지, 혹시 힘든 점은 없는지 정도만 물었다. 아버지와 헤어져 기숙사로 돌아오는 길에, 문득 어릴 적 봤던 아버지의 모습이 떠올랐다. 부푼 꿈을 안고 호기롭게 창업한 회사가 운영에 어려움을 겪자 말없이 홀로 담배만 태우던 아버지. 그런 아버지에게 어머니는 건강을 생각해서 제발 담배 좀 끊으라고 잔소리를 했지만, 나는 한마디도 할 수 없었다. 어린 마음에도 아버지가 이해가 되었기 때문이다. 나를, 우리 가족을, 직원들의 생계를 생각해서 매일 밤늦게까지 일했고, 퇴근 후에는 모든 고민과 걱정을 혼자 끌어안은 채 담배를 피우며 스스로를 다독이던 아버지의 모습.

왜 하필이면 그때의 아버지가 떠올랐는지는 잘 모르겠다. 그저 무슨 계시처럼 그 장면이 떠오르자 더 이상 이렇게 살면 안 되겠다는 생각이 들었다. 그 시절 아버지가 짊어졌던 짐에 비하면, 다른 누구도 아닌 나 자신을 위해 공부하는 게 뭐 그리 힘들단 말인가.

CHAPTER 2
공부, 새로운 삶을 위한 가장 쉬운 지렛대

기숙사로 돌아와 현재 뭐가 문제인지, 무엇부터 바꿔나가야 할지 고민했다. 가장 큰 문제는 공부할 동력, 즉 목표를 잃어버렸다는 점이었다. 솔직히 나의 목표는 특목고에 진학하는 것까지였다. 중학교 때 죽어라 노력해서 일단 외고에 붙었으니, 나머지는 학교가 알아서 나를 아이비리그에 보내주는 줄로만 알았다. 중학교 3년간 들인 노력이 용인외대부고를 진학하면서 결실을 맺자 나도 모르게 심리적인 안도감이 생기면서 더 이상 절실하지 않게 되어버린 것이다.

공부를 해야 할 분명한 목표가 사라지자 다른 딴짓들이 마음에 들어오기 시작했고, 그것들에 순식간에 마음을 뺏긴 것이다. 특히 게임이 주는 재미는 공부와는 비교할 수 없을 정도로 컸다.

따라서 나는 가장 먼저 새로운 목표를 정하기로 했다. 더 넓은 세상에서 공부하기 위해, 나를 위해 헌신하는 부모님에게 자랑스러운 아들이 되기 위해, 동생에게 믿음직한 형이 되기 위해, 무엇보다 나 스스로에게 떳떳한 사람이 되기 위해 최선을 다해서 '해외 명문대학에 입학하자'는 목표를 세운 것이다. 다행히 내게는 아직 1년 남짓의 시간이 남아 있었다.

슬럼프에서 빠져나오는 법

다시 목표가 생기니 공부 의욕도 돌아왔고, 나는 다시 스스로 책상 앞에 앉았다. 하지만 중학교 때와는 달리 용인외대부고에서는 공부할 과목도 많아지고 난이도도 올라가면서 투지 하나만으로는 두각을 나타내기 힘들었다. 새로운 상황에 맞는 새로운 마인드 컨트롤이 필요하다고 생각했다. 여러 방법을 시도해보면서 슬럼프에서 탈출하는 방법을 몇 가지 터득할 수 있었는데, 여기에 소개해보겠다.

첫째, 남들이 아닌 나에 집중한다. 남들보다 잘하겠다는 마음가짐보다 '내가 할 수 있는 최선을 다하자'가 더 좋은 자세다. 등수를 중요시하는 한국 학교 시스템과 대학 진학 시스템 아래에서는 이런 마음가짐을 갖기 쉽지 않다는 것을 이해한다. 그런데 아이러니하게도 남들에게 신경을 쓰지 않게 되면 심적으로 더욱 자유로워지고 잡념이 사라지기 때문에 공부의 효율성이 더욱 커진다. 적어도 나의 경우엔 그랬다.

그래서 고등학교 2학년 때부터는 전교 석차를 보지 않으려고 노력했다. 다행히도 용인외대부고 국제반 성적표는 당시 A, B, C 등의 대략적인 성적만 명시되어 나왔고 석차를 성적표에 적어두진 않았다. 학생이 직접 선생님께 문의해야 석차를 확인할 수 있었는데 나는 절대 하지 않았다. 내가 남들보다 얼마나 잘했느냐를 알려고 하기보다, 내가 얼마나 성실히 공부했고 매일매일 계획된 바를 얼마나 충실히 수행했느냐에 더 포커스를 맞췄다.

조금 성격이 다른 예이긴 하지만 인스타그램이나 유튜브 같은 소셜 미디어 플랫폼들을 보면 구독자 수나 '좋아요' 수를 보이지 않게 감출 수 있는 기능이 있다. 이걸 왜 굳이 감출까? 본인이 공유하는 콘텐츠가 남들에게 어떻게 평가되는지에 신경 쓰기보다 얼마나 꾸준히 콘텐츠를 만드는지에 더욱 집중하기 위해서 감추는 사람이 많다. 이와 비슷한 심리가 아닐까 싶다.

둘째, 일희일비하지 않는다. 가장 중요한 것은 공부가 단거리 경주가 아닌 마라톤이라는 것을 깨닫는 것이다. 누구나 중간에 지치거나 넘어질 수 있다. 타고난 유리멘탈이었던 나는 시험 한 과목이라도 망치면 멘탈이 무너져 다른 시험을 준비할 때 안 좋은 영향을 받곤 했다. 한두 번의 실수에 연연하기보다 의연해지는 것이 중요하다. 대신 실수를 했다면 그 실수를 복기해서 다음번에는 동일한 실수를 반복하지 않도록 하는 것이 중요하다. 지나간 일은 지나간 일로 그냥 흘려보내고, 다음 해야 할 일에 몰입할 수 있는 '멘탈 갑'이 되어야 한다. 그래야 실수에 당황하지 않고 어떤 상황에서도 최선의 결과물을 낼 수 있다.

셋째, 예측 불가능한 상황이 생길 수 있다는 것에 심리적으로 대비한다. 중학교 때는 학교가 끝나면 바로 학원을 갔다가 집에 돌아오면 공부를 하는, 바쁘지만 규칙적인 생활이 반복되었기 때문에 나의 스케줄이 예상 가능했다. 예상 가능한 스케줄에 맞춰 내가 해야 할 공부를 하면 되었기에 몸은 고됐지만 머릿속은 그리 복잡하지 않았다.

그런데 용인외대부고는 기숙사 학교였기 때문에 학생들 간의 교류가 매우 활발하게 이뤄졌다. 나는 농구 동아리와 영어 토론 동아리 소속이었는데 방과 후에도 갑작스럽게 만나서 연습을 하거나 급하게 논의하기 위해 만나야 하는 상황들이 생겼다. 기숙사에서는 사감 선생님이 자습 시간 중간에 학생들을 소환해서 중요한 공지 사항을 전달하거나 훈계를 하기도 했다. 그리고 친구들이 내 기숙사 방에 놀러와 이야기를 하다가 가거나 고민 상담을 하는 일도 생겼다. 사실 공부에는 방해되는 일이지만 그렇다고 무시하고 안 할 수도 없는 일들이었고, 나에게는 전부 중요한 일들이었다.

상황을 내가 완벽하게 통제할 수 없다는 것을 인지하고 조금 마음 편하게 받아들이는 것도 필요하다. 공부에 방해되는 시간을 줄일 수 있다면 줄이되, 그 외의 시간에 최대한 집중해서 공부하는 것이 최선의 방법이다. 공부하겠다고 모든 교류를 차단하지 않아도, 짧은 시간에 집중력을 높이는 것으로 충분히 효율성을 높일 수 있다.

간혹 공부가 재미있다는 사람도 있다. 하지만 나는 아니었다. 물론 몰랐던 지식을 하나하나 알아가는 재미는 있겠지만, 적어도 나는 그런 데서 재미를 느끼는 타입은 아니었던 것 같다. 재미있는 순간보다는 힘들고 어려운 순간이 더 많았고, 세상에는 공부보다 더 재밌는 것들이 많았다. 그 유혹의 힘은 강력해서, 나처럼 의지가 약한 사람에게는 시도 때도 없이 틈을 비집고 찾아온다. 따라서, 나와 같은 사람에게는 더더욱 목표가 필요하다. 목표야말로 재미없는 공부를 지속할 수 있게 해주는 힘이다. 그리고 힘들고 포기하고 싶은 마음이 찾아올 때, 스스로 마인드 컨트롤을 하며 마음을 다잡는 일이 반드시 필요하다.

성적을 단박에 끌어올린
공부법 5가지

　　용인외대부고 국제반에 들어간 나는 수능 공부를 하는 대신 SAT, SAT2, AP 과목들을 공부했다. SAT는 수학, 영어, 글쓰기 이렇게 세 가지를 평가하는 시험이고 SAT2는 물리, 화학, 생물, 경제, 영문학, 미국 역사, 세계 역사 등 다양한 과목 중 학생이 선택하는 과목들에 대한 평가를 하는 시험이다. 'AP^{Advanced Placement}'는 미국 대학 교과 과정에 대한 공부를 미리 하고 시험을 본 후 우수한 성적을 받으면 대학 진학 후에 학점으로 인정을 해주는 제도다.

　　SAT만 놓고 봤을 때는 수능 시험보다 교과 과목이 적지만, 순위가 높은 대학에 진학하려면 많은 SAT2와 AP 과목들에서 우수한 성적을 거둬야 하기 때문에 준비가 여간 까다로운 것이 아니었다.

나의 경우는 물리, 화학, 수학, 통계학 등의 SAT2 과목들과 물리 역학, 전자 물리학, 영어 언어, 경제학, 미적분 등의 AP 과목 시험들을 치렀다. 전국 고3 학생들이 한날 한시에 치르게 되는 수능과는 달리 SAT, SAT2, AP 시험들은 고등학교 3년 동안 본인의 스케줄에 맞춰서 시험을 신청하여 볼 수 있기 때문에 본인의 페이스에 맞게 계획하고 준비하는 것이 가능하다. 하지만 그만큼 학생 본인이 정신을 똑바로 차리지 않고 주도면밀하게 계획을 하지 않으면 게을러지고 남들에 비해 도태되기 십상이다.

앞서 말했듯 내 전체 석차를 확인할 수는 없었지만, 기대보다 현저히 낮은 점만은 확실했다. 게다가 학업 외에도 챙겨야 할 게 너무 많았다. 미국 대학들은 시험 점수와 내신 성적 이외에도 학생들의 과외 활동 이력과 개인 에세이를 중요하게 본다. 따라서 공부에만 100% 매진할 수도 없는 상황이었고, 시험 기간이나 방학 기간이라 할지라도 동아리 활동이나 봉사활동 등을 꾸준히 해야만 했다. 학교에서는 영어토론 동아리와 농구 동아리 활동을 열심히 했고, 방학 때는 해외 봉사활동을 다녀왔으며 짬을 내서 국내외 영어토론 대회와

모의 유엔 대회에 참가했다.

공부도 따라잡아야 하고 다른 활동까지 챙겨야 하는 상황. 하지만 포기하지 않고 나만의 공부법으로 성적을 단기간에 끌어올릴 수 있었다. 단박에 성적을 올릴 수 있었던 데는 1년 동안 철칙처럼 지켜온 공부 습관 덕분이라고 생각한다. 내가 1년 내내 꼬박 실천했던 하루 공부법을 소개한다.

1. 아침 15분 동안 하루를 준비하면 집중력이 상승한다

나의 아침은 15분 동안 오늘 하루를 준비하는 것으로 시작한다. 평소보다 15분 일찍 일어나서 오늘 해야 할 공부 계획을 중심으로 하루 일정과 동선을 디테일하게 점검해보는 것이다. 이렇게 하면 하루 동안 내가 무엇을 해야 할지 정확히 파악하여, 그 순간순간에 집중할 수 있다. 게다가 쓸데없는 일에 시간을 낭비하지 않을 수 있다.

예를 들어, 기숙사 생활의 특성상 아침 식사도 친구들과 함께하며 시간을 더 보내게 된다. 그래서 아침에 일어나면, '오늘은 역사 과목 쪽지 시험이 있는 날이니까 아침에 간단히 빵을 사서 먹고, 교실에 가서 1교시 시작 전에 15분 동안 공부해야지' 하는 계획을 미리 세운다. 이렇게 미리 생각을 해놓으면 그날은 식사 자리에서 서둘러 일어나 짧은 시간이라도 더 확보할 수 있다. 그렇게 하지 않으면 평소의 습관대로 친구들 무리에 껴서 식사를 오래 하게 된다. 또한 오늘 자습 시간에는 무엇을 공부해야 하는지, 점심시간에 친구들이랑 농구를 해도 되는 날인지 아닌지 등에 대해 간단히 생각하고 하루를 시작한다.

하루가 끝날 무렵에는 오늘 아침에 나와 약속한 것들을 지켰는지 생각해본다. 나만의 성적표를 내 머릿속에 그려보는 것이다. 그 결과 잘 지켰다면 스스로를 칭찬해주고, 지키지 못한 게 있다면 반성하고 다음 날 다시 시도한다. 비록 아무도 보지 않는 나만의 성적표지만 성적을 잘 받으면 역시 기분이 좋고 뿌듯하다. 그래서 이 작은 '멘탈 성적표'를 잘 받기 위해 매일 노력하게 되었다.

2. 집중력을 최고로 끌어올리는 '20분 공부법'

사람마다 다르겠지만 나의 경우에는 엉덩이의 힘을 믿고 무작정 들여다보는 공부 습관이 오히려 독이 되었다. 금세 지루해져서 흥미를 잃고, 그러다 보면 딴생각이 자꾸 나서 집중력이 흐트러졌다. 아무래도 나는 엉덩이가 무거운 타입은 아닌 것 같다.

그래서 나의 단점을 역으로 이용하여 20분 단위로 공부하는 법을 터득했다. 야간 자율 학습을 하거나 주말에 개인적으로 공부할 때 대략 한 시간에서 두 시간 정도는 일부러 시간 타이머를 20분 단위로 맞춰놓고 공부했다. 20분이 지나면 1분 정도 쉬고 다시 공부에 돌입하곤 했다.

이런 트레이닝을 한 이유는 짧은 시간에 무서운 집중력을 낼 수 있는 습관을 들이기 위해서였다. 수업 중간중간 쉬는 시간에 공부를 할 수 있도록 평소에 미리 나 자신을 훈련해 자투리 시간을 최대한 활용할 수 있게 하기 위함이었다. SAT 영어 지문 한두 개 풀이, 영어 단어 30개 외우기 또는 영어 책 3~4쪽 빠르게 읽기 등 짧은 시간에 할 수 있는 것들을 자투리 시간에 틈틈이 해서 공부의 효율을 끌어올렸다. 무작정 책상 앞에 오래 앉아 있는 게 능사는 아니다. 먼저 자신의 성향을 파악하고, 짧은 시간일지라도 최대한의 집중력을 끌어내는 시간 관리를 하는 게 중요하다.

3. 저녁 15분, 하루 성과를 기록하는 '피드백 습관'

밤에는 그날 하루에 대해서 회고하고 점검하는 시간을 가졌다. 항상 하루가 계획대로 흘러가지는 않는다. 아침에 세운 계획이 너무 거창했을 수도 있고 아니면 반대로 너무 보수적이었을 수도 있다. 그날 계획한 공부량 대비 얼마나 실제로 완수했는지를 점검하고 다음 날 계획을 할 때 참고할 수 있도록 한다.

상위권으로 성적을 올리고 싶거나, 시험에 합격하려면 사실 이 피드백 습관이 가장 중요하다. 대부분 교재나 문제집을 반복해서 풀다 보면, 저마다 항상 같은 실수를 하는 패턴이 있다. 그런데 피드백을 하여 이를 보완하지 않으면, 자신의 약점이 무엇인지도 모른 채 똑같은 실수를 반복하게 된다.

기본자세가 틀린 운동선수는 아무리 훈련해도 실력이 나아질 수 없듯이, 마찬가지로 자신이 반복하는 실수와 공부의 구멍을 모르면 성적은 오르기 힘들다. 특히나 실전 시험에서는 95점과 100점을 가르는 '마지막 한 끗'이 중요하다. 이는 대개 자신이 자주 하던 실수에서 비롯되기 때문에, 공부를 하는 사람이라면 반드시 평소에도 피드백하는 습관을 들여야 한다.

4. 작은 디테일은 과감하게 포기한다

공부하다가 이해가 안 되는 부분은 오래 붙잡고 있지 않고, 표시를 해놓고 빠르게 넘어가는 편이 좋다. 한두 번 읽어서 이해가 잘 안 되는 부분은 몇 번을 읽고 고민해도 이해가 안 되는 경우가 많기 때문이다. 그러니 이해가 안 된다고 하염없이 쳐다보고 있지 말고, 포스트잇으로 표시해놓은 다음에 빠르게 다음 장으로 넘어가자.

모르는 부분은 일단 건너뛰었다가 나중에 다시 보거나 선생님 또는 친구들에게 물어봐서 설명을 들어봐도 좋다. 막상 뒤의 내용을 읽다 보면 이해가 저절로 되는 경우도 있고, 드물긴 하지만 샤워를 하는 등 한숨 돌리면서 다른 활동을 할 때 갑자기 '아!' 하고 이해가 되는 경우도 있기 때문이다. 어떤 방식으로든 나중에 다시 들여다보고 이해할 수 있도록 모르는 것을 표시하면서 공부를 진행해야 한다. 중요한 것은, 작은 디테일 하나를 이해하려고 시간을 과도하게 많이 써서 큰 계획에 차질이 생기는 일을 방지하는 일임을 잊어선 안 된다.

5. 나보다 잘하는 친구의 능력을 빌린다

나는 원래 스터디 그룹을 그다지 선호하지 않았다. 공부는 혼자 하는 것이라고 굳게 믿었던 과거의 나는, 집중력을 최대한으로 끌어올리기 위해 외부요인을 최대한 차단하고 공부하는 것을 선호하는 편이었다. 경쟁에서 이겨야 한다는 생각에 타인과 지식을 공유하는 것을 꺼렸고, 남들과 공부를 같이 하게 되면 자연스럽게 노닥거리는 시간이 생기는 것이 싫었다.

하지만 점점 혼자만의 고립된 공부에 한계를 느끼기 시작했다. 내가 모르는 것을 다른 친구가 알 수도 있고, 다른 친구가 모르는 것을 내가 알 수도 있는 법이다. 지식은 나눈다고 해서 사라지는 게 아니라 2배, 아니 그 이상의 효과를 얻을 수 있다는 걸 깨달았다.

이렇게 생각을 바꾸고 난 뒤부터는 친구들을 경쟁자로 보지 않고 무엇이든 궁금한 건 물어볼 수 있는 '조력자'로 보기 시작했다. 같은 지식이어도 다른 방식으로 이해하는 친구를 보면서 새롭게 배우기도 하고, 남들에게 나의 지식을 공유하면서 뿌듯함을 얻기도 하고, 친구들과 유대 관계가 더욱 깊어지면서 그룹 프로젝트를 하게 될 때 팀워크가 더 좋아지는 부가적인 효과도 누릴 수 있었다.

특히 이때 경험한 팀플레이 공부법은 나중에 내가 미국 버클리 대학교에 진학했을 때 더욱더 강력한 힘을 발휘했으며, 내가 4년 내내 장학금을 놓치지 않은 비결이기도 하다. 이것은 뒤에서 더 자세히 소개하도록 하겠다.

학생이 아니어도 공부를 하고 있는 사람이 많을 것이다. 직장에서 승진 시험을 준비하거나 자격증 등 다른 시험을 준비하는 사람도 많다. 혹은 그저 관심 있는 분야를 공부하는 사람도 있다. 직장인이라면 더더욱 시간이 절대적으로 부족하니 효율적으로 공부하는 게 중요하다. 이 다섯 가지 방법을 시도해보면서 조금 더 효과적인 자기만의 방법을 찾아나가기 바란다.

공부하는 사람에게
반드시 필요한 자극제

공부를 처음 시작하는 사람들이 자주 하는 고민은 '무엇을 어떻게 해야 할지 모르겠다'는 것이다. 나 역시 중학교 때 처음 공부란 걸 시작했을 때 무식하게 엉덩이의 힘으로만 버텼다. 경쟁심에 불타서 혼자 숨어서 공부한 적도 많다. 하지만 공부는 스스로 하는 것이지 혼자 하는 건 아니라는 걸 깨달았다. 특히 해외 대학에서 공부하면서부터는 그 사실을 더욱 뼈저리게 느꼈다.

세상에 완벽한 사람은 없다. 공부라는 외로운 일을 하며 누구나 의욕이 꺾이기도 하고, 매너리즘이나 슬럼프에 빠지기도 한다. 그럴 때 나를 수렁에서 꺼내주는 존재는 언제나 사람이었다.

나는 혼자 외롭게 싸우기보다 적어도 두 명에게는 도움을 받으라고 권하고 싶다. 하나는 멘토, 그리고 다른 하나는 페이스메이커다.

멘토는 가까운 곳에서 찾아라

첫 번째는 멘토를 만들 것. 흔히 우리는 '멘토'라고 하면 사회적으로 지위가 높고 성공한 사람들을 떠올린다. 미디어에서 보거나 나오는 동떨어진 사람을 멘토로 삼는 경우가 대부분이다. 그도 그럴 것이, 주변 사람보다는 유명한 사람이나 역사 속 인물에게 더 환상을 갖게 되기 마련이다. 가까운 사람일수록 단점까지 알고 있으니, 존경한다고 말하기는 힘들어진다.

하지만 공부에 있어서 멘토는 오히려 가까운 곳에서 찾는 게 좋다고 생각한다. 내가 생각하는 '공부의 멘토'란 나보다 훨씬 뛰어난 업적을 이룬 위인이 아니다. 연락하기도 힘든 까마득한 선배도 아니다. 일상적으로 함께할 수 있는 사람, 그렇지만 나보다 조금 더 뛰어난 사람을 말하는 것이다.

예를 들어, 내가 수학에 약하다고 해보자. 수학 성적을 올려야 하는데 어떻게 해야 할지 막막하다. 이럴 때 주변에서 수학을 잘하는 친구를 멘토로 삼고, 도움을 구하면 더할 나위 없을 것이다. 그 친구와 수학을 공부하는 기회를 만들어서 함께 공부하면 가장 좋다. 그 친구가 문제를 해결하는 방식, 수학을 공부하는 방식 등을 배울 수 있고 내가 모르는 문제는 물어볼 수 있다.

친구나 선배 중에 마땅한 사람이 없다면, 학교 선생님이나 학원 선생님도 좋다. 자신보다 특정 부분에서 조금이라도 뛰어나다면, 그 사람을 찾아가라. 주변 사람을 멘토로 삼으면 좋은 점은, 직접 소통할 수 있다는 것이다. 수학 공부법부터 시작해 교재와 부교재는 무얼 쓰는지, 인강은 무얼 듣는지, 학습 시간과 쉬는 시간을 얼마나 분배하는지, 풀다가 막히는 문제가 나오면 어떻게 해결하는지 등 사소한 것일지라도 물어보면서 좋은 점, 나한테 맞는 점을 찾아내어 받아들이자. 나 역시 그런 마음으로 어떤 분야에 있어서 나보다 뛰어난 면이 있다고 생각하면 그를 나의 멘토로 생각하고 찾아갔다.

혹시나 이런 걱정을 하는 사람도 있을지 모르겠다.

'내가 찾아가서 이것저것 물어보면 귀찮아하지 않을까? 나를 싫어하지는 않을까?'

그런데 신기한 것은 내가 그렇게 끈질기게 찾아갈수록 그 사람은 나를 싫어하는 것이 아니라 오히려 좋아한다는 점이다. 가만히 생각해보면 당연한 일이다. 입장을 바꾸어보자. 누군가 나에게 찾아와서 "당신의 이런 점이 너무나 존경스러운데, 이런 경우는 어떻게 해야 할까요?"라고 조언을 구한다면 그 사람에 대해서 어떤 생각이 들까. 귀찮다고 화를 내겠는가? 아니, 오히려 뭐 하나라도 더 알려주고 싶은 마음이 생길 것이다. 그러니 어떤 사람이라도 멘토로 만들고 싶다면, 적극적으로 찾아가고 부딪혀보길 권한다. 그 사람이 누구일지라도 기꺼이 멘토가 되어줄 것이다.

입시라는 장거리 레이스에 필요한 '페이스메이커'

두 번째로 내가 추천하는 것은 바로 '페이스메이커'다. 마라톤 중계를 본 적이 있는 사람이라면 페이스메이커라는 말을 들어봤을 것이다. 선수와 일정한 페이스를 맞춰주면서 선수의 사기를 북돋워주어 기록 경신을 도와주는 존재가 바로 페이스메이커다. 마라톤까지 생각할 것도 없다. 헬스장에서 러닝머신을 뛸 때도 옆자리에서 누군가가 열심히 뛰고 있으면 나까지 덩달아 열심히 뛰게 되지 않는가.

공부는 마라톤처럼 긴 싸움이다. 혼자 뛰면 외롭고 금세 지친다. 뛰는 게 너무 힘들어서 걷다 보면, 이제는 또 앉고 싶어진다. 그래도 괜찮을 것 같다. 혼자 뛰니까 내가 하는 모든 행동이 기준이 되고, 어떤 행동을 하든지 별 문제 없게 느껴진다. 내가 수업 시간에 딴짓을 해도, 문제를 대충 풀고 답안지를 바로 펼쳐봐도, 자습 시간에 꾸벅꾸벅 졸아도, 그게 나 혼자 하는 공부라고 생각하면 어찌 되든 상관없다는 생각마저 든다. 길고 힘든 싸움을 온전히 혼자 감당해야 하는 만큼 정말 외롭다는 생각이 들 때가 많다.

그럴 때 옆에 누군가가 같이 뛰고 있다는 사실만으로도 위로가 된다. 때로는 자극이 되어 더 열심히 뛰게 만들어준다. 그게 라이벌 같은 존재여도 괜찮다. 라이벌이 무서운 집중력으로 수업을 열심히 듣고 있으면 나도 정신이 번쩍 든다. '그래! 내가 지금 뭐 하는 거지? 저 아이는 저렇게나 열심히 공부하고 있는데 내가 지금 이러면 안 되지!'라는 생각이 들면서 나 또한 공부에 집중할 수 있게 된다.

나의 경우에는, 학교에서 점심시간에 잠깐 친구들과 축구하는 시간을 제외하곤 항상 공부하고 있었고 학교가 끝나고도 학원을 가거나 집에 가서 토플 공부나 수학 경시대회 공부를 했다. 그래도 비교적 공부를 오랫동안 할 수 있었던 동력은 같이 준비하는 친구들이 있었기 때문이었던 것 같다.

우리는 서로 경쟁 관계이기도 했지만, 같이 공부하면서 서로에게 힘이 되어주기도 했다. 다른 친구가 열심히 공부하는 모습을 보면서 동기부여를 받기도 하고 내가 다른 친구들에 비해 조금 미진한 경우에는 자극을 받아 더 열심히 공부를 하게 되는 경우도 많았다.

물론 혼자서 치열하게 고민하고 연구하며 공부하는 경험도 중요하다. 그렇지만 혼자 연구하는 학자들조차 동료 학자들과 교류하고 다른 사람의 연구에 자극을 받기도 한다. 우리는 그렇게 서로에게 영향을 주고받으며 더욱 성장할 수 있다. 사람은 사회적 동물이라는 말은 공부에 있어서도 진리다.

어학연수 경험 없이
SAT 영어 만점을 받은 비결

나는 중학교 3학년 때 치른 토플 시험에서 300점 만점에 293점을 받은 이력이 있다. 또 '제1회 YBM 전국 초중고 영어 백일장' 고등부 장원 출신이기도 하다. 내 모교인 용인외대부고에서도 특히 국제반은 국어와 국사를 제외한 전 과목 수업을 영어로 진행한다. 그렇기 때문에 신입생의 60% 이상이 1년 이상의 해외 체류 경험이 있고, 나머지 40%도 짧게나마 해외 어학연수 경험이 있다.

그리고 고등학교 2학년 말 즈음부터는 미국 대학 지원 수학능력 평가 시험인 SAT 시험을 치렀다. 해외 대학 입학 위주로 준비했던 나는 과감히 수능 공부를 하지 않기로 결심하고 SAT, SAT2, AP, 에세이, 과외 활동 등 해외 대학 준비에 필요한 것들에 매진하기로 했다. 영어가 모국어가 아닌 학생으로서 미국 고등학생들과 같은 잣대로 평가를 받아야 했기에 피나는 노력을 해야 했고, 그 결과 SAT 시험에서 만점 성적인 2400점 중에 2340점을 기록하며 상위 1%의 성적을 받을 수 있었다. 특히, SAT 시험 영어 영역에서 만점을 받고 AP 영어 과목 시험에서도 만점을 받아, 미국 학생들에 비해서도 월등히 높은 성적을 받았다.

여기까지 이야기하면 사람들은 내가 어릴 적부터 외국에서 살아서 그런 것 아니냐며 오해하겠지만, 나는 미국 버클리 대학교에 입학하기 전까지 해외 거주 경험은 물론 어학연수를 다녀온 적도 없다. 영어는 다른 과목에 비해 공부하는 것이 까다롭다고 생각한다. 특히 나처럼 어렸을 적 해외 거주 경험이 없는 사람들에게는 더욱 그렇다. 그러면 나는 대체 어떻게 공부했기에 이런 결과를 받아볼 수 있었을까?

의도적으로 환경을 조성하라

내가 영어를 잘할 수 있었던 비결을 꼽자면, 어린 시절로 거슬러 올라가야 한다. 앞서도 잠깐 언급한 적이 있는데, 나는 교육에 관심이 많았던 어머니 덕분에 일찍부터 영어 콘텐츠와 친숙한 환경에 노출되어왔다. 당시 어머니는 나름의 교육철학이 있었다. 미래에는 영어가 선택이 아닌 필수가 될 것이라고 생각했던 어머니는 내가 유치원에 들어갔을 무렵부터 영어를 배울 수 있게끔 환경을 조성해주었다.

그러한 어머니의 노력 덕분인지 나는 유치원 때부터 영어 동화를 무척 좋아했다. 특히 〈헤라클레스〉, 〈인어공주〉, 〈라이온킹〉 등 디즈니 만화영화에 유독 관심이 많았다. 일요일 아침만 되면 〈디즈니 만화동산〉이라는 프로그램을 보려고 일어났는데(아마 나와 비슷한 나이 또래의 독자들은 많이 공감할 것이다), 한국말 더빙이 된 버전을 보곤 했다. 내가 디즈니 만화를 좋아하는 것을 알았던 부모님은 종종 나에게 선물로 영어로 된 원작 디즈니 만화영화 비디오테이프를 구해다주곤 했다.

덕분에 나는 만화영화를 통해 자연스럽게 영어를 접했다. 한국말 더빙 버전도 아니고 자막도 없는 영어 만화가 처음에는 이해하기 힘들었다. 하지만 너무나도 좋아하는 만화영화들이었기 때문에 캐릭터들이 움직이는 모습과 그림으로 표현되는 내용을 내가 듣고 있는 영어 소리와 얼추 대조해가며 영어를 자연스럽게 습득하기 시작했다.

언어 습득 능력이 빠른 어린 나이에 디즈니 원작 비디오를 접했던 것은 정말 신의 한 수였다. 디즈니 만화영화를 보면서 자연스럽게 영어에 대한 관심도 갖게 되었고, 이듬해부터는 매일 영어 일기를 쓰기 시작했다. 영어로 된 동화책도 혼자 읽기 시작하면서 영어를 어려서부터 자연스럽게 습득하기 시작했다. 만약 억지로 누가 나에게 영어 공부를 강요했다거나, 부모님이 직접 나를 가르치려 했다면 거부감이 들고 스트레스를 받았을 것이다. 나의 관심사에서부터 자연스럽게 필요에 따라 영어를 학습해나가다 보니 이러한 과정이 너무 재밌었다.

영어를 '이야기'로 받아들인 덕분에, 나는 재미있는 동화의 경우 통째로 외워버리기도 했다. 영어 문장에 익숙해지면서 자연스럽게 말문도 트여서, 나중에는 부모님 앞에서 이야기를 술술 읊기도 했다. 이야기를 외우려면 영어를 단어와 문법에 따라 분해하지 않고 문장 전체로 이해하게 된다. 이야기를 많이 듣고 외운 덕분에 영어 문장에 대한 감이 길러졌던 것도 사실이다. 이렇듯 자연스럽게 영어 말하기 능력을 길렀다.

언어는 생활 속에서 배우는 것이 가장 빠르고 효율적이다. 하지만 어학연수나 유학을 갈 수 있는 사람이 얼마나 될까. 그러니 나처럼 우리나라에서 '영어권에서 사는 것 같은 환경'을 인위적으로 만들어보길 추천한다. 학교나 학원이 끝나고 집에 오면 영어 테이프를 틀어놓고 계속 듣거나 영어로 된 글을 읽거나 쓰면서 자연스럽게 영어를 할 수 있는 환경을 계획적으로 조성하는 것이다. 이렇게 매일 매일 영어를 접하다 보면, 나도 모르게 자연스럽게 영어가 들리고 언어를 구사할 수 있다.

미디어를 활용하는 방법도 있다. 요즘은 유튜브나 OTT가 있어서 그런 환경을 만들기가 수월하다. 매일 영어 유튜브를 틀어놓고 넷플릭스로 자막 없이 미국 드라마나 시트콤을 보자. 물론 쉬운 드라마부터 시작해야 한다. 드라마 한 편을 여러 번 반복해서 봐야 하니 기왕이면 자신이 좋아하는 장르로 고르기를 권한다. 우선 처음에는 자막과 같이 스토리를 이해하며 봐야 한다. 그런 다음에는 본인이 할 수 있는 내에서 자막을 따라 읽어본다. 자막을 따라 읽는 속도가 제법 비슷해졌다면, 그다음부터는 자막을 끈 상태에서 여러 번 돌려보자. 내용을 이해하고 대사를 따라 할 수 있을 때까지 시간이 많이 소요될 것이고, 몇 번을 돌려봐야 할 수도 있다. 하지만 좋아하는 콘텐츠를 소비하면서 영어를 배울 수 있는 일석이조의 기회를 잡기 위해 이 정도 시간 투자는 필요하다고 생각한다.

두 번째 방법은 나에게 '미국인 여자친구(남자친구)'가 있다고 상상하는 것이다. 내가 생각하기에 우리가 언어를 배우는 목적은 '소통과 전달'에 있다. 따라서, 필요해질 때 가장 빨리 배울 수 있다는 뜻이다. 만약 내게 미국인 여자친구(남자친구)가 있다면, 사랑하는 사람에게 자신의 생각을 표현하고자 하는 간절한 마음이 생길 것이다. 내 주위에도 외국인 애인을 둔 친구들이 몇 있는데, 실제 이들은 영어 습득력이 굉장히 빠르다.

그런데 영어를 마치 암호를 해독하듯이 철자 하나하나에 집중한다든가 문법 공식만을 달달 외우게 된다면, 내 경험상 꾸준히 공부하기가 몹시 힘들어진다. 물론 중·고등학교에 진학해 소위 '입시 영어'를 공부하게 되면, 단어장을 달고 살아야 하지만, 가급적 영어를 커뮤니케이션의 도구로 사용하고 배우는 게 좋다.

이것은 어릴 때뿐만 아니라 성인이 되어서도 마찬가지다. 처음 영어를 공부하는 사람이거나 영어를 잘하고 싶은데 공부에 영 흥미를 느끼지 못한다면, 자신이 너무 지나치게 영어 철자와 문법에만 집착하고 있지는 않은지, 성적 위주의 영어 공부만 하느라 언어 자체에 흥미를 느끼지 못하는 건 아닌지 등을 점검해볼 필요가 있다. 믿기지 않겠지만, 실제로 나 역시 영어 문법책은 중학교 1학년 때 입시 준비를 위해 처음 봤었다.

영어를 잘하기 위해서는 결국 자연스럽게 습관화하는 게 중요하다. 사실 모든 언어 공부가 그렇지 않을까. 우리가 한국어를 어떻게 습득하고 공부했는지 생각해보면 답은 그 안에 있다. 우리가 다른 언어에 비해 한국어를 잘하는 이유는 너무 당연하게도 한국어에 많이 노출된 환경에 살고 있기 때문이다. 만나는 사람들마다 한국어로 소통하고, 길을 거닐 때 접하는 표지판들도 전부 한국어로 되어 있으며, 집에서 책을 읽거나 신문을 읽을 때도 모두 한국어로 읽는다. 영어를 잘하려면 이 단순한 원리를 영어로 적용하면 된다. 자연스럽게 일어나서 영어를 듣는 습관을 들이고 영어로 내 생각을 표현하는 연습을 할 수 있게 환경을 조성하면 된다.

지금까지 설명했듯이 나는 내가 좋아하는 콘텐츠를 영어로 소비했고, 매일 영어 일기를 쓰면서 내 생각을 영어로 표현하는 연습을 했다. 외국인들과 소통하는 기회가 있으면 그게 학원이든 길거리든 전화 통화든 가리지 않고 활용했다. 성인이 되어서도 한국에 들어와 있을 때 영어의 감을 잃지 않기 위해 내가 늘 하는 것이 있는데, 미국에 있는 친구들과 전화 통화를 하는 일이다. 친구와 주기적으로 연락을 하니

즐겁고, 그걸 영어로 할 수 있으니 일석이조다. 억지로 하기보다 생활 속에서 자연스럽게 할 수 있는 것들에 먼저 집중해보자.

명사의 연설문은 가장 훌륭한 교재다

그러나 '입시'라는 관문을 넘어서기 위한 영어 공부는, 어릴 적 배우는 생활 속 영어와는 완전히 다르다. 시험을 치기 위한 영어는 단지 '흥미'로 그쳐서는 합격이라는 목적을 달성할 수 없다. 그렇다면 중·고등학교 입시 영어나 토익과 토플처럼 시험을 위한 영어는 어떻게 공부해야 할까?

첫째, '단어'와 '문법'은 매일 꾸준히 공부해야 한다. 단어와 문법은 입시 영어에 있어서 아주 기본이 되기 때문에 이를 공부하는 데 시간을 쓰지 않고서는 절대 성적이 오를 수 없다. 나 역시 중학교 시절, 등굣길이나 하굣길은 물론 점심시간이나 쉬는 시간에 매일같이 리스닝 테이프를 반복해서들었다. 심지어는 집에서 잠들기 전까지 리스닝 테이프를 들으며 잠이 든 적도 많았다.

단어의 경우, 전날에 하루에 외울 단어 50개를 미리 단어장에 적어놓고, 다음 날 하루 종일 들고 다니면서 짬짬이 외 웠다. 문법의 경우는 리딩 지문을 하루에 3개씩 풀면서 문장 하나하나 분석한 뒤, 구문을 통째로 외웠다. 이 방법은 고등 학교 3년 내내 마찬가지로 적용했다. 하나 더하자면, 고등학 교 때는 여기에 매일 영어책을 읽거나 영자 신문 기사를 읽 으면서 감을 잃지 않으려고 부단히 노력했다.

둘째, 여러 권의 책을 가지고 공부하기보다는 자신의 수준 에 맞는 문법, 단어, 구문, 독해를 할 수 있는 교재 하나를 골 라서 여러 번 반복해 공부하는 것이 더 효율적이다. 이렇게 내 수준에 맞는 교재 한 권을 완벽히 독파했을 때, 그때부터 는 여러 종류의 독해 교재를 풀어도 좋다.

여기서 팁을 하나 더 풀자면, 나의 경우는 페이스북의 마 크 저커버그나 아마존의 제프 베이조스, 애플의 스티브 잡스 처럼 자기 분야에서 성공한 글로벌 CEO들의 연설문으로 독 해 공부를 했는데, 그 효과를 톡톡히 봤다. 즉흥적인 인터뷰 와는 달리 연설문은, 워낙 관련 직원들이 문법적으로 검수하 고 또 검수한 내용이므로 거의 흠잡을 데 없을 정도로 완벽 한 글이기 때문이다. 게다가 자기계발적인 메시지를 담고 있 어, 공부의 의욕을 더욱 북돋울 수도 있다.

언제 어디서나 외울 수 있는 '단어카드' 만들기

　단어를 공부하는 방법은 사람마다 다양하다. 나 역시 입시와 시험을 앞두고 어떻게 하면 단어를 주어진 시간 안에, 최대한 많이 효율적으로 외울 수 있을지 고민한 적이 있다. 인터넷도 뒤져보고, 영어 강사들의 공부법 책도 이것저것 들여다보았는데, 이 중에서도 나에게 가장 잘 맞는 방법은 '단어카드 만들기'였다. 아무래도 어릴 적부터 언어를 재미있게 배우는 데 익숙했기 때문에, 그냥 달달 외우는 것보다는 직접 카드를 만들어서 마치 게임을 하듯이 맞추는 편이 나에게는 더 맞겠다는 판단이 들었다.

　단어카드 만드는 방법은 아주 간단하다. 한 면에는 영어 단어를 적고, 뒷면에는 그 단어의 뜻을 적으면 된다. 일단 처음에는 영어 단어를 먼저 읽고 그다음에 뜻을 확인한다. 그렇게 하루 100개씩 단어카드를 모두 읽는다. 그리고 다시 반대로 돌려서, 단어의 뜻을 먼저 본 다음 영어 단어의 스펠링을 확인한다. 그렇게 100개의 단어카드를 또 읽는다. 거꾸로 다시 돌려서 영어 단어를 보고 뜻을 맞힌다.

　단, 이때부터는 뜻을 틀릴 경우, 그 단어카드 한쪽 구석에 연필로 작게 표시해둔다. 이렇게 계속 반복한다. 첫 번째에는 틀렸던 단어가 두 번째, 세 번째에는 완벽하게 이해가 되었다면, 이제 다시 카드를 돌린다. 그리고 단어의 뜻을 보면서 스펠링을 맞혀본다. 마찬가지로 틀린 단어에는 표시를 해두고, 완벽하게 숙지될 때까지 반복한다.

단어카드 공부법을 활용할 때는 의외로 인내심이 필요하다. 100개를 여러 번에 걸쳐 봐야 하기 때문이다. 하지만 아무리 천재라도 단어를 한 번만 보고 금방 외울 수는 없다. 최소 4~5번은 반복해서 외워야 확실히 기억에 남길 수 있고, 그렇게 뇌에 기억이 쌓여야 탄탄한 기본기를 다질 수 있다.

영어 공부 때문에 고민하는 학생이나 영어를 잘하고 싶은 직장인이 많을 것이다. 그 외에도 요즘은 영어를 못하면 일상생활에서도 불편한 일이 발생하곤 한다. 언어를 배우는 데는 왕도가 없다. 그저 많이 보고 듣고 읽는 수밖에. 그래서 생활 속에서 영어를 많이 접하는 방법을 권하는 것이다. 인터넷과 유튜브 같은 디지털 미디어가 발달한 요즘은 더욱 편하게 영어를 수시로 접할 수 있다. 영어를 공부한다기보다 영어를 생활의 일부로 만들자.

상위 1% 수재들 사이에서
살아남은 공부 비법

산 넘어 산이라고 했던가. 대학 입시를 무사히 끝마치고 카이스트를 거쳐 버클리에 가니 또 다른 위기들이 나를 기다리고 있었다. 외국인 신분으로 새로운 나라에 적응하랴, 음식에 적응하랴, 학교생활에 적응하랴, 열아홉 살에 혼자 홀쩍 미국으로 떠나온 나에게는 한꺼번에 새로운 것들을 많이 받아들여야 하는 것이 조금의 부담으로 다가오기도 했다.

이런 와중에 버클리 공대에서 요구하는 학업량은 엄청났다. 공학 수업들뿐 아니라 자연 과학 및 인문학 수업들도 부지런히 들어야 했다. 정신을 똑바로 차려야 했다. 카이스트를 나오면서 나 스스로 내린 결정이 헛되지 않게, 4년 동안 지구 반대편 나라에서 시간 낭비만 하고 돌아가지 않겠다는 의지가 강했다. 그야말로 살아남기 위해, 나만의 공부법을 찾아 악착같이 공부했다.

물론 성적이 바로 극적으로 반등하지는 않았지만, 하루하루 도장 깨기 느낌으로 내가 해야 할 일을 끝내는 데에만 집중했다. 원하는 성적이 나오지 않았어도 의연하게 받아들이기 시작하니 적어도 공부를 하면서 지치거나 스트레스를 받는 일이 줄어들었다. 그러자 이내 곧 공부 페이스를 되찾았고, 이것저것 시행착오를 거치며 나에게 맞는 새로운 공부법을 찾아가기 시작했다. 여기서는 그 힘든 시기를 버티게 해준 나만의 세 가지 비결에 관해 얘기해보고자 한다.

모든 것을 공부하기보다 중요한 것을 완벽하게

많은 사람이 결국 시험을 잘 보기 위해 공부할 것이다. 공부한 결과를 인정받는 것이니 시험을 잘 보고 싶은 마음은 다 똑같다. 그리고 시험에는 중요하지 않은 부분보다 중요한 부분이 나올 확률이 높다. 지극히 당연한 이 법칙을 다시 떠올려보면, 공부를 어떻게 해야 할지 답이 보인다. 특히 공부량이 엄청난 경우에는 이런 이치가 더욱 중요해진다. 그 엄청난 분량을 사람인 이상 전 범위를 꼼꼼하게 다 볼 수는 없기 때문이다. 따라서, 필연적으로 특정 부분에 모든 노력을 쏟아야 한다.

1등을 하는 사람은 그 많은 공부량을 모두 끝낸 걸까? 절대 그렇지 않다. 남들보다 높은 성적을 받는 사람은, 남들이 모르는 아주 지엽적인 부분을 그 사람만 알고 있기 때문이 아니다. 오히려 어떤 시험에든 나올 법한 중요한 부분을 남들과는 확실히 다르게, 디테일하고 심도 있게 답안을 써내기에 성적이 다른 것이다. 요컨대 모든 것을 동일한 강도로 공부하며 다 보려고 하기보다는, 시험에 나올 법한 중요한 부분을 남들보다 조금이라도 더 완벽하게 풀어낸다는 마음으로 공부해야 한다.

이렇게 공부하면 성적이 확 뛸 수밖에 없다. 시험에는 중요한 부분이 출제될 확률이 더 높기 때문이다. 그 높은 확률에 내 노력을 쏟아부었으니, 결과가 좋은 것은 지극히 당연하다. 이처럼 중요한 부분을 먼저 완벽하게 공부하고, 남는 시간에 지엽적인 부분까지 차례대로 공부하는 방식으로 했더니, 나의 부족한 시간을 굉장히 효율적으로 쓰면서 그 살인적인 공부량도 소화할 수 있었다.

듣는 즉시 나만의 언어로 바꿔서 필기한다

나는 공부할 때 필기, 즉 기록하는 것을 굉장히 중요하게 생각한다. 당연한 소리겠지만, 듣기만 해서는 하루만 지나도 금세 내용을 다 잊어버리기 때문이다. 머리가 나빠서가 아니다. 애당초 사람은 망각의 동물이기 때문에, 누구나 잊는다. 이것은 독일의 심리학자인 헤르만 에빙하우스의 실험에 의해 증명된 사실이다.

에빙하우스는 사람의 기억력이 얼마나 지속되는지 실험

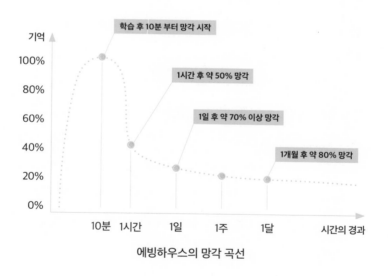

에빙하우스의 망각 곡선

하기 위해 무려 16년 동안 실험을 진행했는데, 그 결과 매우 빠른 속도로 기억을 잃는다는 사실을 증명했다. 얼마나 빠르냐 하면, 지식을 습득한 지 10분이 지나면 바로 잊어버리기 시작하고, 1시간이 지나면 배운 지식의 약 50% 정도를 잊어버리며, 하루가 지나면 무려 70%를 잊고 만다.

그런데 손으로 직접 기록을 해두면 귀로 듣기만 할 때보다 훨씬 더 기억에 잘 남는다. 귀로 들은 내용을 일단 뇌에서 한 번 처리하고, 손으로 쓰면서 그 내용을 한 번 더 뇌에 각인시키기 때문이다. 영어 단어를 외우거나 암기 과목을 외울 때 주로 손으로 쓰면서 외우는 경우가 있는데, 이 역시 더 잘 외워지는 방법으로 뇌에 오래도록 저장할 수 있다. 나 역시 중·고등학교 시절 내내 암기 과목은 연습장에 직접 쓰면서 외우는 것이 가장 효과적이었다.

하지만 버클리에서는 이보다 더 업그레이드된 공부법이 필요했다. 비교 불가한 엄청난 공부의 양을 감당하기 위해서는 지식을 두세 번 복습해서 공부하지 않고도 바로바로 습득이 되는 공부법을 터득해야 했던 것이다. 그래서 내가 선택한 방법은 노트북을 수업 시간마다 켜놓고 교수님께서 설명해주신 내용을 내 나름의 언어로 기록하는 방식이었다.

방법은 아주 간단하다. 영어로 적다가 한글로 적는 게 이해에 도움이 되겠다 싶으면 한글로도 적곤 했다. 교수님께서 해주신 말을 나만의 언어와 문장으로 rephrase, 즉 바꾸어 말하는 과정을 거치니 확실히 더욱 오래 기억에 남았다. 두 뇌가 한 번 소화하는 과정을 거치게 되기 때문이었다. 수업 시간에 수업을 듣고 교과서에 밑줄을 긋는 것도 중요하지만 내가 이해하기 편한 형태로 지식을 가공하고, 그 가공한 상태의 기록을 남기는 것이 나에게는 학습의 시간을 단축할 수 있는 확실한 비결이었다.

걷는 게 지칠 때는 고개를 들어
먼 곳을 바라본다

어떤 공부를 하든지 중간에 슬럼프가 찾아온다면, 지금 공부하는 이유가 명확하지 않다는 신호로 받아들여야 한다. 내가 생각하기에 공부에 있어서, 목표와 목적은 마치 나침반과도 같은 역할을 한다. 나침반이 가리키는 대로 길을 가는 사람은 중간에 잠시 휴식을 취할 순 있어도, 마음이 바뀌어 발길을 돌린다거나 털썩 주저앉아 허송세월하지 않는다. 뚜렷한 목적지가 있기 때문이고, 자신이 가는 길을 확신하기 때문이다.

확신은 무의식적으로 자신감과 연결되고, 자신감이 장착된 사람은 절대 흔들릴 수 없다. 슬럼프가 찾아올 틈이 없다는 말이다. 따라서 지금 슬럼프에 빠졌다면 가장 먼저 해야 할 일은 나 자신을 이해시키는 일이다.

'나는 이 공부를 왜 하는 거지?'

'내가 왜 이런 힘든 상황에서 버텨야 하는 거지?'

이런 질문에 스스로 고개를 끄덕일 만한 자기만의 대답을 찾아야 한다. 나는 버클리에서 공부하면서 공부에 지쳐 소위 '번아웃'이 될 때면, 눈을 감고 내가 이곳에 왜 왔는지 생각하곤 했다. 내가 공부를 시작한 이유를 떠올렸고, 내가 앞으로 살아가고 싶은 인생을 떠올렸다. 그런 인생을 위해서 지금 이 순간의 공부는 내 인생에 꼭 필요한 것이다, 반드시 이겨내야 한다, 이런 결론이 들 때까지 생각하고 또 생각했다. 그런 뒤 다시 눈을 뜨면, 확실히 마음 자세가 달라져 있는 것을 느꼈다. 이유가 있으면, 몸은 자연히 따라오게 되어 있다.

시간은 없고 공부할 건 많다. 공부를 하는 사람이라면 누구나 이런 고민을 하지 않을까. 엄청난 공부량과 압박 속에 있다면 선택과 집중을 하자. 그리고 나의 언어로 바꿔 쓰면서 공부한 것을 내 것으로 만들자. 번아웃이 오지 않도록 내가 공부하는 이유를 상기하는 것도 중요하다.

무엇보다 포기하지 말자. 한 걸음이라도 꾸준히 나아가면 나를 힘들게 하는 안개가 서서히 걷힐 것이다.

미국 버클리에 와서 깨달은
팀플레이 공부의 효과

미국 버클리 EECS에서는 정말이지 엄청난 양의 학업을 학생에게 요구한다. 처음에 나는 모든 학업 내용을 완벽하게 나의 것으로 만들기 위해 다른 학우들의 도움 없이 시험공부나 프로젝트들을 완수하려고 했다. 교수님이 내준 과제의 의도를 이해하는 데 몇 시간이 걸리더라도 온전히 제힘으로 공부하려고 한 것이다. 중·고등학교 때 야간 자율 학습 시간이나 독서실에서 공부하던 습관이 남아 있던 탓이었다.

물론 용인외대부고 재학 시절에도 몇 번 스터디의 효과를 톡톡히 보긴 했지만, 아무래도 외국의 낯선 환경에서는 내가 먼저 주도적으로 스터디 그룹을 형성하기가 어려웠다. 게다가 버클리는 세계적으로 공부 좀 한다는 수재들이 모인 곳이라 그런지 주눅이 든 것도 사실이었다. 괜히 질문했다가 이것도 모른다며 무시당할까 봐 선뜻 물어보기도 힘들어서, 되도록이면 혼자서 해결하려고 했다.

1학년 때는 어느 정도 이 전략이 통했지만, 2학년이 되면서부터 학업량이 비교할 수 없을 정도로 어마어마하게 많아지자 도무지 혼자서는 감당이 되질 않았다. 시험 기간에는 그야말로 전쟁이다. 일주일 동안 10시간도 채 못 잔 적도 많다. 공부해야 할 범위가 워낙 넓고 다양해서 잠을 줄이지 않고서는 도저히 시험 준비를 마칠 수가 없었기 때문이다. 결국 나는 어쩔 수 없이 성격이 좋아 보이는 몇 명 친구에게 도움을 요청했다. 의외로 친구들은 나를 큰 거부감 없이 기꺼이 도와주었다. 심지어 잘 모르는 친구의 친구들조차 내 질문에 친절하게 대답해주었다.

나중에 알고 보니 버클리 학생들은 서로서로 도와주는 문화가 자연스럽게 형성되어 있었다. 워낙 학습량이 방대한 데다가, 그 와중에 제때 완수해야 할 팀 프로젝트도 많아서 학생들이 서로 경쟁하기보다는 서로 시너지를 내는 학습 방식에 더 익숙해 있던 것이다. 이렇게 서로 도우면서 시작된 관계는 학창 시절 내내 서로 돕고 돕는 관계로 발전하고, 더 나아가서는 졸업 후 사회에 진출했을 때 서로에게 유용한 인맥이 되어주기도 한다. 이곳 문화에서는 혼자 하는 것보다 스터디를 통해 교류하며 공부하는 것이 여러모로 훨씬 이득이 되는 공부 방식이었던 것이다.

대학생이나 해외 유학생이라면 더더욱 필수

이후 나는 스터디를 좀 더 적극적으로 활용해봐야겠다는 생각이 들었다. 그래서 중요한 시험을 앞두고 마음이 맞는 몇몇 친구들과 스터디를 하기 시작했다. 일단 강의를 들으면서 나만의 언어로 필기한 노트를 만들었다. 책과 노트를 정독하며 세세한 내용까지 놓치지 않기 위해 읽고, 쓰기를 반복했다. 그런 다음 강의를 같이 들었던 친구들을 불러 모아 내가 이해한 핵심 개념을 설명해보았다. 이를 들은 친구들은 내가 잘못 이해한 내용을 바로잡아주곤 했다. 그뿐 아니라 내 설명에 보충 설명을 더해주면서 내가 강의 시간에 놓쳤던 부분까지 정확히 짚어주었다. 이 과정을 거치다 보니, 혼자서 낑낑 싸매고 공부했던 것보다 훨씬 더 정확히 이해할 수 있었고, 공부 시간도 단축되었다.

만약 지금 대학교를 다니고 있거나, 혹은 해외 유학생활 동안 공부에 어려움을 겪고 있다면, 더더욱 나와 같은 공부 방법을 추천한다. 특히 친구들 앞에서 강의를 하는 방법은 무척 효과적이다. 일단 남을 가르치려면 내가 확실하게 알아야 한다. 그런데 이해를 제대로 하지 않으면 분명 알고 있는 내용인데도 막상 설명을 하려면 말문이 막히고, 어디서부터 어떻게 설명해야 할지도 막막하다. 또, 열심히 설명해도 상대가 못 알아듣기도 한다. 따라서, 배운 내용을 설명했을 때 막힌다면, 다시 공부를 해야 한다.

의지가 약할수록 스터디의 힘을 빌려라

팀플레이 공부를 할 때는 되도록 비슷한 수준의 친구들과 함께하는 것이 중요하다. 서로 시너지를 내야 하기 때문에 한 명의 수준이 지나치게 높거나, 지나치게 낮을 경우에는 서로에게 별로 도움이 되지 않는다.

또 자신이 의지가 다소 약한 편이라면, 굳이 시험 기간이 아니더라도 평소에 팀플레이로 공부하는 것이 좋다. 가령, 아무리 독하게 마음을 먹어도 혼자 공부를 하게 되면 계획했던 분량을 다 마치지 못해 진도가 자꾸 밀리게 되고, 그러다 보면 쉽게 지쳐 포기해버린다. 반면에 친구들과 같이 공부를 하면 미리미리 준비해가야 하므로 자연스럽게 강제력이 생긴다. 따라서 의지력이 약해 자꾸 딴생각을 하면서 공부에 몰입하지 못한다면 적극적으로 스터디를 활용해보는 것을 권한다.

팀의 힘이란 정말 강하다. 함께 공부해서 문제를 해결하는 경험을 해보면 그 짜릿함이란 혼자 뭔가를 이뤘을 때보다 훨씬 크다. 다른 사람과 연결되었다는 느낌, 나는 혼자가 아니라는 느낌이 힘들고 외로운 유학 생활을 지탱해줬는지도 모른다. 그래서 꼭 유학생이 아니더라도, 학생이 아니더라도 공부하고 있는 것이 있다면 스터디를 활용해보길 권한다.

결국 공부하는 힘은,
'잘될 것이라는 믿음'에서 나온다

내가 초등학교 때, 친한 친구들끼리 모여서 축구 교실을 등록해서 다닌 적이 있다. 방과 후에 축구 선생님이 학교 운동장으로 와서 나와 몇몇 친구들에게 축구를 가르쳐주었고, 학부모들도 가끔 참관하러 오곤 했다. 당시엔 이런 소모임 축구 교실이 유행했다.

그런데 우리 동네 말고도 축구 교실이 성행한 동네들이 근처에 많았다. 자연히 축구 교실 간의 일종의 토너먼트 대회가 열리곤 했다. 동네 월드컵이랄까? 운동에 열정이 넘쳤던 어린 나는 대회가 임박한 시기에는 정말로 열심이었다. 방과후 축구 교실 수업이 끝나고도 친구들과 한두 시간씩 더 연습하고서야 비로소 집에 갔던 기억이 있다.

프리킥 연습을 하는데 내가 원하는 감아차기가 잘 안 되면 잘될 때까지 남아서 연습했다. 친구들에게도 "대회 때 실수 할 수도 있으니 패스 연습을 더 하자"고 제안했다. 대회 전날에는 다음 날 대회 걱정을 더 심하게 해서 밤 10시, 11시까지 혼자 연습했다. 다음 날 경기에 어떤 팀이 나올지 모르는 상태였기에 '강한 상대가 나오면 우리가 질 수도 있다'는 불안감이 가득했다.

그런데 막상 대회에 나가는 날이 되자, 이상하리만큼 자신감이 넘치는 마음으로 '이거 이러다 결승전까지 가는 거 아냐?'라는 기대감에 부풀었다. 단순한 기대에 그친 것도 아니었다. 토너먼트에서 끝까지 갈 거란 믿음으로 여분의 축구화를 두 켤레나 챙겼고, 우승했을 경우 어떤 세리머니를 할지 친구들과 상의하며 행복한 계획도 짰다.

축구 연습은 '첫 경기부터 힘들 수 있다'는 비관적인 생각에 지독하게 했지만, 대회 자체에서는 좋은 결과를 거둘 것이라는 낙관적인 마음을 가지고 있었다.

축구뿐만이 아니라 공부에 관해서도 마찬가지였다. 나는 단기적으로는 비관론자, 장기적으로는 낙관론자였다. 단기적으로 비관론자라는 뜻은, 시험이 치러지기 전까지는 언제나 '난 아직도 부족해'라고 생각한다는 뜻이다. 그래서 시험지를 받아드는 바로 그 순간까지 치열하게 준비한다. 장기적으로 낙관론자라는 뜻은, 일단 시험이 끝나고 나면 '내 실력만큼은 나오겠지. 설령 낮은 점수가 나오면 그게 지금의 내 실력인 거고 앞으로 더 열심히 하라는 뜻이겠지' 정도로 생각하고 결과에 크게 신경을 쓰지 않는다는 뜻이다.

공부의 본질은 결국
'잘될 것이라는 믿음'에서 시작된다

이런 자세는 내가 입시 공부를 할 때 특히 큰 도움이 되었다. 단기적으로 비관론자이기에, 끝까지 방심하지 않고 시험 준비를 했다. 항상 부족하다는 생각이 들고 불안하기 때문에 '이쯤 하면 됐다'고 생각해본 적이 없다. 단 한 번도 내가 완벽히 준비되었다고 생각하고 시험장에 들어간 적이 없었다. 학교 과제를 하더라도 항상 결과물이 마음에 들지 않아 제출하기 직전까지 수정하고 보완하는 작업을 하곤 했다.

다만 장기적으로는 낙관론자이기에, 굉장히 공을 들여 준비하고 본 시험일지라도 일단 시험이 끝나고 나면 놀랍도록 여유로워졌다. '이미 끝난 시험에 집착해서 뭐하나' 하는 생각으로 하나하나의 시험 결과에 일희일비하지 않았다. 길게 봤을 때 결국 나 자신이 잘해낼 것이라는 낙관적인 믿음도 있었다.

이러한 마인드셋을 형성하는 데는 나의 끊임없는 노력도 있지만, 부모님의 훈육법 또한 영향을 준 것 같다. 어려서부터 부모님은 내가 노력을 하지 않고 게으른 모습을 보이면 크게 혼냈지만, 막상 시험을 보고 나면 설령 시험 결과가 좋게 나오지 않았다고 하더라도 크게 꾸짖지 않았다. 덕분에 준비하는 과정에는 최선을 다하되 결과에는 크게 연연하지 않고 바로 다음 해야 할 일로 넘어갈 수 있었다.

나는 이것이 공부의 본질이라고 생각한다. 많은 사람이 입시를 결과론적인 관점에서만 바라보는 경향이 있다. 입시가 단거리 경주라면 이런 마인드셋을 가지는 것이 편하고 성공 확률도 높을 것이다. 하지만 입시는 장기 레이스이기 때문에 '결과가 전부다'라는 마인드로 공부를 하게 되면 반드시 쉽게 지쳐버린다. 한두 번 좋지 않은 시험 결과에 멘탈이 와장창 무너질 수도 있다.

오랫동안 페이스를 잃지 않고 1년, 3년, 6년 내내 꾸준히 평정심을 가지고 공부를 하려면, 지금 이 순간에 최선을 다하되 더 길게 볼 수 있어야 한다. 결과에 초연해질 수 있는 멘탈을 먼저 기르고 결국 다 잘될 것이라는 자기 확신을 장착하는 것이 중요하다.

결과가 당장 나타나지 않더라도

회사에서 프로젝트를 진행할 때도, 나는 팀원들에게 이런 마인드셋을 전파하기 위해 노력했다. 사람들이 좋아하고 주기적으로 사용하는 소프트웨어 제품을 만드는 것은 생각보다 어려운 일이고, 시간과 노력이 적지 않게 소요되는 일이다. 그렇기 때문에 프로젝트를 진행할 때 제품 개발 단계에서부터 팀원들의 멘탈 관리를 어떻게 해야 할지 고민을 했다.

페이스북에서 팀의 테크리드(기술팀장)를 맡고 있을 때였다. 우리 팀에서 출시해야 하는 기능이 페이스북의 사진 업로드 기능, 스토리 업로드 기능, 뉴스피드 로딩 알고리즘 등 회사의 코어 컴포넌트들과 접점이 많아 굉장히 디테일한 코드와 프로젝트가 필요한 상황이었다. 팀장으로서 나는 팀이 원하는 프로젝트 타임라인에 맞추지 못할 것이 우려되었기에 정말 기본적인 기능 구현 단위부터 시작해서 일정을 빽빽하게 관리할 수 있는 스프레드시트를 만들어 프로젝트 진행 상황을 관리했다. 이렇게 큰 노력을 들였음에도 불구하고 처음부터 사용자 반응이 좋을 것이라고 생각하진 않았다. 그동안 프로젝트를 많이 진행해봤기에 경험상 이렇게 생각하는 것이 마음 편하다는 생각도 없지 않았지만, 일을 마무리하기 전까지는 마음을 놓지 못하는 내 성격 때문이기도 하다.

기능 론칭을 단 며칠 앞두고 나는 팀원들에게 이렇게 말했다.

"우리가 이렇게 열심히 했지만 사용자들은 워낙 냉정하기 때문에 우리가 원하는 만큼 반응이 긍정적이지 않을 수 있어요. 아마 그럴 가능성이 클 겁니다. 그런데도 나는 우리 팀의 능력을 믿고 사용자들의 마음을 결국은 사로잡을 수 있을 것이라 믿어요. 그러니 첫 실험 결과에 낙담하지 말고 성공할 때까지 끊임없이 노력했으면 좋겠어요."

예상한 대로 첫 실험 결과는 그렇게 좋지 못했다. 그래도 다행히 팀원들은 나와 같은 마인드셋으로 사용자들의 마음을 사로잡기 위해 유저 인터뷰, 버그 픽스, 실험 결과 분석 등의 업무를 필요에 따라 적절히 찾아서 능동적으로 수행했다. 그리고 그 결과 제품 개발 시작한 지 5개월이 지난 시점에 기능 보완해 성공적으로 글로벌 론칭을 할 수 있었다.

단기적 비관론자, 장기적 낙관론자가 되기 위해 가장 중요한 것은 바로 자기 자신에 대한 믿음이다. 자기 자신에 대한 기준이 높으므로 단기적 비관론자가 되는 것이고 자기 자신에 대한 자신감이 높아서 장기적 낙관론자가 될 수 있는 것이다.

물론 항상 자신감에 차 있는 상태를 유지하기는 힘들다. 자신감을 가지려고 항상 노력하지만 나도 실패 경험을 하면 자신감이 바닥을 치기도 하고, 나보다 더 높은 성취를 한 사람을 보면서 나에 대한 불신이 생기기도 한다.

그럴 때마다 앞서 여러 번 말했듯이 나는 아주 기본적인 것부터 나를 칭찬하기 시작한다. 어렸을 때, 부모님께서는 나에게 작은 일로도 많은 칭찬을 해주곤 했는데 가령 음식을 편식하지 않고 잘 먹었을 때 나를 칭찬해주면 그 작은 한마디에도 자신감 지수가 높아지고 했던 기억이 있다. 성인이 된 지금 부모님이 항상 곁에 있을 수 없으니, 이제는 내가 스스로를 칭찬하고 용기를 북돋워준다. 노력해서 작은 성과라도 내고, 그런 자신을 칭찬하고, 그러면서 자신을 신뢰하게 되는 선순환을 지금부터 시작해보자.

공부하기 싫어질 때,
집중력을 높이는 법

공부를 할 때 가장 힘든 것 중에 하나가 바로 몇 시간씩이나 책상에 앉아 있는 일이다. 평소 운동을 좋아하고 활발한 성격의 소유자였던 나는 집중력을 유지한 채 엉덩이를 의자에 붙이고 앉아 있는 게 너무나도 괴로웠다.

하지만 그렇다고 해서 입시 공부에서 엉덩이의 힘을 마냥 무시할 수는 없다. 나는 인터넷을 통해 집에서 혼자 자체적으로 집중력을 키우는 방법을 알아보았다. 그중에서도 가장 효과가 있던 두 가지를 소개하고자 한다. 아주 간단한 방법이므로 쉬는 시간에 잠깐만 짬을 내어 실천해봐도 좋다.

1. 집중력 훈련법

한 점을 계속해서 응시함으로써 집중력을 강화시키는 훈련법이다. 아래와 같이 하얀 종이에 점을 그려 넣은 뒤, 벽에 붙이거나 책상 위에 올려두면 된다.

① 점의 중앙에 초점을 맞춘다.

② 눈동자를 움직이지 말고 약 1분간 점을 집중해서 응시한다.

③ 점을 계속 바라보면서 또렷하게 보일 때까지 '점이 점점 커진다'라고
   생각한다.

2. 호흡 명상법

나는 공부가 잘되지 않거나 스스로 집중력이 떨어졌다고 느낄 때마다 호흡 운동을 하곤 한다. 의식적인 호흡 운동을 통해 명상을 하면, 복잡하고 어수선한 머릿속이 한결 깨끗해지고, 잡념도 사라진다. 호흡 명상법은 방법은 간단하지만 효과는 매우 크다. 게다가 시간과 장소에 구애받지 않고 어디서든 할 수 있다는 장점도 있다.

① 등을 곧게 펴고 편안한 자세로 의자나 바닥에 앉는다.

② 눈을 감고, 약 3초간 코로 천천히 숨을 들이마신다.

③ 호흡에 집중하며 2초간 잠시 숨을 멈춘다.

④ 다시 10~15초간 천천히 숨을 내쉰다.

⑤ 위와 같은 과정을 약 3~5분 정도 반복한다.

C H A P T E R   3

당신은 시간을 버리는 사람인가, 시간을 버는 사람인가

변화의 가속도를 높이는 시간 관리법

실리콘밸리에서 터득한
'하루 시간 관리법'

2014년 9월, 페이스북 본사에 입성했던 첫날이 아직까지도 잊히지 않는다. 페이스북의 캠퍼스 전경은 마치 영화 〈트루먼쇼〉에 나오는 마을처럼 아기자기하고 알록달록했다. 직원들은 후드티와 청바지를 입고 벤치에 앉아서 일을 하기도 하고 아이스크림을 먹으면서 동료와 워킹 미팅을 하는 등 회사 같지 않은 자유로운 분위기가 물씬 느껴졌다. 이런 분위기에서 과연 일을 할 수나 있을까 의문이 들 정도였다. 그만큼 사람들의 표정에서는 여유가 느껴졌고 캠퍼스 분위기는 너무나도 활기차고 화기애애했다.

드라마나 영화에서 보던 회사 분위기와는 사뭇 다른 풍

경에 신기해하고 있는데, 인솔자가 페이스북의 CPO(최고 제품 책임자) 크리스 콕스가 직접 사원들에게 환영 인사를 한다며 신입 사원들을 불러 모았다. 크리스는 우리에게 페이스북의 비전과 미션을 설명하고 페이스북의 일하는 문화와 중요시하는 가치에 대해 설명을 해주었다. 참고로 크리스 콕스는 실리콘밸리에서는 전설적인 인물로 손꼽힌다. 회사에서 서열 다섯 손가락 안에 드는 그가 매달 신입 사원 환영 오리엔테이션에 참석해 직접 발표를 한다는 사실이 놀라웠다. 그는 페이스북의 비전과 가치, 그리고 일하는 문화에 대해서 설명해줬다.

"페이스북은 끊임없이 앞으로 나아가는 배와 같습니다. 배에 문제가 생긴다고 해서 배는 결코 멈추지 않아요. 위기 상황이 발생하면 선원들은 발 벗고 나서서 문제를 해결해야 하지만, 그 와중에도 선장은 계속 앞으로 나아가야 합니다. 이게 페이스북의 모습입니다. 만약 선장이 모든 선원한테 일일이 지시를 해야 한다면 어떻게 될까요? 상황이 해결되지 않을뿐더러 항해 속도도 더뎌지겠죠. 따라서 페이스북은 배에 있는 모든 선원에게 직접 의사 결정을 내릴 수 있는 자율권을 주기로 한 것입니다."

직원 본인이 실무자이자 의사 결정권자인 곳. 그렇기 때문에 자유롭고 빠른 의사 결정이 가능하지만, 그에 수반되는 실무도 본인이 진행해야 하고 결과에 대해서도 본인이 온전히 책임져야 하는 곳이 바로 페이스북이다. 페이스북 근로계약서에 보면 회사는 직원을 언제든지 해고할 수 있다고 적혀 있다. 그 한 줄이 실리콘밸리에서 성공한 테크 회사들의 문화를 대변한다고 생각한다. 직원들에게 온전한 자율권을 주고 일을 하는 데 필요한 것은 모조리 지원해주지만, 그에 상응하는 결과물을 내지 못했을 때는 가차 없이 직원을 내보낼 수 있다.

나의 첫 1년은 그야말로 좌충우돌이었다. 안 잘리려고 발버둥쳤다는 말이 어울릴 정도로 정말 열심히 했다. 첫날 캠퍼스에 들어오면서 봤던 여유로운 직원들의 모습은 페북 직원 일상의 단면에 불과했고, 실제로 건물 안에 들어가면 피터지는 전쟁터를 방불케 할 만큼 다들 치열하게 일하고 있었다. 마치 물 위에서 보면 느긋하고 여유로워 보이지만 물 아래에서는 끊임없이 발을 휘젓고 있는 백조들의 모습을 보는 것 같았다. 하루하루가 생존의 연속이었던 입사 첫해, 다행히도 시행착오를 겪으면서 나만의 생존 방법을 천천히 익혀나가게 되었다.

시간이 흘러 첫해가 지나고, 둘째 해가 되면서 나는 승진도 하고 팀 내에서도 중책을 맡게 되면서 책임이 늘어나기 시작했다. 나보다 늦게 들어온 팀원들이 생기면서 내가 그들의 멘토 역할을 해주기 시작했고, 팀 내에 중요한 의사 결정을 내리는 미팅들에 자주 참석하게 되었다. 살인적인 양의 이메일과 업무 채팅들을 전부 확인하고 답변하는 것조차 힘들 정도로 나를 찾는 사람이 많아졌다.

이런 변화들이 한꺼번에 찾아오면서 번아웃이 왔던 적도 있다. 절대적으로 책상 앞에 앉아서 일을 할 수 있는 시간이 줄어들면서 일과가 끝난 후 집에 가서야만 제대로 된 독립 업무를 볼 수 있는 경우가 허다했다. 이런 나의 변화를 팀원들도 느꼈던 것 같다. 페이스북은 6개월마다 직원 평가를 하는 기간이 있는데, 이때 각 직원의 성과와 역량에 대한 평가를 상사와 동료들 그리고 하위 팀원들에게 받고 서로서로 피드백을 주고받는다. 나는 내가 팀을 위해 열정적으로 일하고, 개인 시간까지 할애하여 팀을 이끌었기 때문에, 당연히 평가가 좋을 거라고 예상했다. 그런데 내 평가지에는 대부분 이런 피드백이 적혀 있었다.

'시간 관리 능력이 부족함.'

솔직히 억울했다. 물론 남들이 알아주길 바라고 열심히 한 건 아니었지만, 그래도 리더로서 팀을 잘 이끌기 위해 죽어라 애썼는데 돌아오는 평가가 이렇다니, 도대체 뭐가 문제였을까. 일종의 배신감까지 들면서 내일 아침 출근해 동료들 얼굴 보는 게 껄끄러웠다.

하지만 이래서는 문제를 해결하지 못했다. 어쩌면 섭섭한 마음과 별개로, 동료들의 이런 조언이 내 업무 방식을 가장 객관적인 시선에서 간파한 건 아닐까 하는 생각이 머릿속을 스쳤다. 그렇다면 이건 분명히 내가 앞으로 직급이 더 위로 올라가거나 혹은 내 사업을 하게 되었을 때, 치명적인 약점이 될 수도 있겠다는 생각이 들었다. 다음 날, 나는 출근하자마자 내게 부정적인 피드백을 남긴 동료 한 명 한 명을 직접 찾아갔다.

"당신의 피드백이 도움이 됐어요. 그렇지 않아도 요즘 일이 힘들어서 뭐가 문제일까 고민 중이었는데, 그 피드백을 보고 내 문제점이 뭔지 정확히 알게 된 것 같아요. 정말 고마워요."

그러자 그들은 사실 자신들도 예전에 나와 비슷한 상황에 처했던 경험이 있다고 했다. 그러면서 그들 나름대로 상황을 개선하려고 시도한 것들이 있었다며 그중 일부는 꽤 효과가 있었으니 나에게도 실천해보라고 추천해줬다. 동료들의 조언을 듣고 나도 몇 가지를 시도를 해봤는데, 확실히 효과를 본 것들이 있어 여기에 공유하려 한다.

오늘 해야 하는 가장 중요한 일을
딱 3가지만 정한다

흔히 목돈을 모을 때 자주 사용하는 방법이 있다. 월급을 받으면 저축할 돈을 먼저 통장에 넣어두고 남은 돈을 쓰는 것이다. 특히 적금을 들어서 자동으로 매월 돈이 빠져나가게 하면, 어쩔 수 없이 남은 돈으로 생활해야 한다. 이렇게 되면 저축하는 습관이 생기고 씀씀이를 관리할 수 있다. 반면 일단 계획 없이 돈을 쓰고, 남은 돈으로 저축을 하려고 하면 돈을 모으기 힘들다.

뜬금없이 저축 이야기를 하는 이유는, 시간도 이와 마찬가지기 때문이다. '남는 시간에 자격증 공부를 해야지'라거나 '일단 회사 프로젝트를 다 마친 뒤에 이직을 시도해보자'라고 아무리 생각해봤자 그 언젠가는 오지 않는다. 그렇기 때문에 돈이든 시간이든 미리 계획해서 정해놓는 것이 중요하다.

하루 계획을 세울 때는 중요한 일부터 우선순위를 정해 시간을 배정해놓아야 한다. 이때는 당연히 그 일에 얼마만큼 시간을 할애할 것인지도 함께 정해야 한다. 그래야 정해진 시간 안에 그 일을 해내야겠다는 목적의식이 생기고, 실제로 그 일을 실행하게 된다.

그런데 내 경험상 해야 할 일이 너무 많으면 하루 만에 지키기가 힘들어지고, 일정을 지키지 못하면 하루를 쫓기는 듯 보내는 것이 습관화된다. 나의 경우는 중요한 일을 하루에 딱 세 가지만 정한다. 그리고 학창 시절 공부할 때 하루 공부를 피드백하던 습관을 업무에도 적용했다. 전날 밤 10분 정도를 투자해 다음 날 해야 하는 일들 중 가장 중요하다고 생각하는 업무를 딱 세 가지만 정해서 기록해두는 것이다. 이렇게 하면 다음 날 어떻게 시작할지 고민하느라 시간을 낭비하지 않고 바로 하루를 시작할 수 있다.

이메일은 업무의 시작과 끝에,
단 두 번만 확인한다

반드시 해야 하는 일은 미리 일정을 정해놓고, 매일 완수하고 싶은 세 가지 일을 확인하면서 하루를 시작한다. 시급하고 중요한 문제가 아니면 미리 정해둔 일정을 방해하도록 허용하지 않는다.

직장인이라면 누구나 이메일을 보내고 답하느라 하루 종일 시간을 보낸 경험이 있을 것이다. 중간중간 끼어드는 이메일 알림 때문에 일에 집중하기가 힘들 때도 많다. 더군다나 다른 사람들과 협업을 하는 경우, 일과 중 이메일을 자주 확인해야 하므로 집중력이 저하되기 쉽다.

그래서 나는 이메일 확인은 하루 두 번, 업무의 시작과 끝에 몰아서 한다. 이메일 알림은 일과시간 중에는 되도록 꺼 놓고 업무에 집중할 수 있는 환경을 만든다. 대신, 아침에 일어나면 샤워를 하고 바로 컴퓨터를 붙잡고 밤새 온 이메일을 모조리 확인해 답변을 한 후에 출근한다. 그리고 회사에서 하루 일과가 끝나고 퇴근하기 전에 이메일을 또 한 번 확인하고 퇴근한다.

이처럼 간단한 룰을 정하는 것만으로도 일과시간에 신경이 분산되는 상황이 크게 줄어들어 일의 효율이 확연히 올라갔다. 가끔 화장실을 가거나 잠깐 커피 타임을 갖는 경우에는 습관적으로 이메일 확인을 하는 경우도 있기는 했지만, 확실히 예전보다는 코어 업무를 볼 때의 집중도가 급격하게 증가했다. 물론 수시로 이메일을 확인해야 하는 상황이 있을 수도 있다. 하지만 이메일 확인이 곧 중요한 업무인 경우가 아니라면 두 번이 아니어도 좋으니 상황에 맞게 규칙을 정해보자.

이메일 외에 업무상 전화가 많이 걸려오고, 많이 걸기도 해야 해서 집중하기 힘들 수도 있다. 그런 경우에도 자신이 통제할 수 있는 부분은 없는지 생각해보자. 내가 전화할 일들은 오전에 몰아서 할 수도 있을 것이다. 업무 효율을 방해하는 요소가 무엇인지 파악하는 것이 시작이다.

회의와 외부 미팅은
'하루에' 몰아서 잡는다

팀장으로 올라가면서, 각종 회의와 미팅의 횟수가 급격히 늘다 보니 업무에 지장을 주는 일이 많았다. 이에 나는 회의와 미팅은 대부분 월요일이나 화요일에, 같은 날 최대한 몰아서 잡으려고 했다. 물론 많은 사람이 참여해서 스케줄 조정이 힘든 경우 어쩔 수 없이 수·목·금요일에 잡히는 회의도 있긴 했지만, 내가 할 수 있는 선에서는 최대한 이 규칙을 지키려고 노력했다.

이렇게 함으로써 월요일과 화요일은 미팅을 여러 번 뛸 마음의 준비를 한 뒤 출근했고, 수·목·금은 각을 잡고 자리에 앉아 밀린 일들을 처리하는 날로 생각하고 출근했다. 이렇게 요일별로 업무 모드를 정해놓았더니 이전에 미팅, 업무, 미팅, 업무… 식으로 뇌의 예열 시간이 여러 번 필요하던 때에 비해 확실히 업무의 효율성이 높아졌다.

스케줄에 없는 일은
절대 하지 않는다

나는 시간 관리에 있어서만큼은 지극히 현실주의자다. 앞서 든 사례처럼 이미 여러 차례 시행착오 끝에 시간 관리 습관을 고치기 위해 무던히도 노력해왔기 때문에, 어지간하면 내가 정한 스케줄에 없는 일은 되도록 하지 않는다. 만약 그 일이 정말 급했다면 일정을 정하는 우선순위에 들어 스케줄에 기재되어 있었을 것이다. 하지만 그게 아니라면 그다지 급한 일이 아니라는 뜻이므로, 철저히 배제한다.

처음에는 이게 참 어려웠다. 원래 일정대로라면 점심식사 후 오후 2시부터 4시까지는 중요한 보고서를 작성했어야 하는데, 갑자기 팀원이 면담을 요청한다든가 다른 부서의 동료가 피드백을 요청해오면 쉽게 수락하고는 했다. 이렇다 보니 갑자기 치고 들어오는 일들을 하느라 원래 계획해놓은 일정을 지키지 못하게 되었고, 다음 날 일정까지 밀리는 바람에 일주일 업무 계획에 차질이 빚어지는 문제가 생기곤 했다.

이런 일들이 반복되자 나는 스케줄에 있는 일정은 절대 고수하기로 결심했다. 전과 같이 가끔씩 다른 일들이 중간에 들어오면 무조건적으로 수락하는 게 아니라, 해당 일의 중요도를 가늠해본 뒤 정중히 거절하거나 일정을 뒤로 미루거나 하는 식으로 내 스케줄에 적힌 일정을 우선적으로 지키고자 했다. 때로는 상대에게 미안한 마음이 들기도 했지만, 장기적으로 봤을 때는 내게 주어진 우선순위의 일을 잘 처리하는 게 더 중요하니, 이것이 더욱 현실적이고 효율적인 판단이라고 생각한다.

운동하는 시간 하루 30분은 무조건 확보한다

보통 일이 바빠지면 가장 먼저 소홀해지기 쉬운 게 바로 운동이다. 당장 눈앞에 급급한 업무를 해내는 데 온통 신경 쓰느라 운동의 중요성을 잊기 때문이다. 나의 경우는 지금까지도 운동을 절대 거스르지 않는다. 운동 자체가 중요하다기보다는 나에게 운동이란 내 정신 상태를 잡아주는 역할을 하기 때문이다. 하루 일과 중 운동을 빼고 나니 중심이 없는 채로 하루하루 기계처럼 일만 하는 것 같은 생각이 들었다.

개인적으로 나에게 운동이 중요한 이유는 과거의 기억 때문인데, 책 앞부분에도 언급했듯이 고등학교 때에 급격하게 살이 쪄본 적 있고, 그렇게 찐 살을 독한 마음을 먹고 빼본 경험도 있다. 몸무게를 감량할 당시 하루도 빠짐없이 2000개씩 줄넘기하던 그때의 기억을 떠올리다 보면, 당시의 절실했던 마음이 떠오르면서 집중력을 금세 되찾을 수 있게 된다. 그래서 나에게 운동을 하는 것은, 단순히 몸매를 가꾼다는 의미 그 이상으로 다가온다.

사실 현실적으로 운동은 일을 하기 위해 꼭 필요한 것이기도 하다. 일도 체력이 있어야 하고, 몸이 건강해야 또렷한 정신으로 집중할 수 있기 때문이다. 따라서 아무리 일이 많고 바쁜 날이어도 너무 일에 매몰되어 건강을 해치지 않기 위해, 그리고 운동으로 체력을 높여 일을 더 열심히 하기 위해 하루에 30분은 꼭 운동하는 시간을 가진다. 운동을 하고 나면 그다음 날을 활기차게 보낼 수 있는 에너지와 정신력이 생긴다.

우리나라의 직장 환경에서는 야근을 하는 걸 열심히 일하는 것으로 보는 경향이 아직 있는 듯하다. 하지만 매일같이 야근을 하는 사람이라면 시간 관리를 잘못하고 있는 건 아닌지 의심해봐야 한다. 하루 종일 바쁘게 뛰어다니는데 정작 제대로 한 일은 없는가? 그렇게 하루하루를 보내고 있다면 하루를 계획하고 방해 요인들을 통제할 필요가 있다.

나는 완벽한 사람이 아니다, 성과를 내는 사람이다

어렸을 적 나는 지독한 완벽주의 성향이 있었다. 중학교 시절, 간단한 조별 과제를 할 때도 내 기준에서 완벽하지 않은 결과물이라면 조원들과 절대 공유하지 않았다. 내가 만족할 만한 결과물이 아닌 것을 다른 사람들이 본다는 사실이 굉장히 창피했고 거부감이 들었다. 하지만 사회에 나와 다른 사람과 팀으로 일하면서 완벽주의에 대한 한계를 느끼기 시작했다.

완벽하고 포장된 모습만을 남들에게 보여주려고 하면 그만큼 남들이 나에게 피드백을 줄 수 있는 시간을 뒤로 미루게 된다. 따라서 내 기준에서는 다소 창피할 수 있는 결과물이어도 先(선) 공유, 後(후) 수정 하는 방안이 훨씬 효과적이라고 생각한다.

페이스북에 재직하던 시절, 회사에서 가장 중요하게 여겼던 업무 방식이 '빠른 반복^{Iteration}'이다. 'Fail fast(빠르게 실패하라)'이라는 슬로건이 있을 만큼 빠르게 실패해서 그 실패에서 배우거나, 빠르게 미완성품을 공유해서 좋고 나쁜 피드백을 먼저 받고 방향을 수정해 나가자는 정신이 담겨 있는 말이다. 실제로 페이스북은 이 문화 덕분에 많은 직원이 본인의 아이디어를 짧은 호흡으로 빠르게 공유할 수 있었고, 회사 내에서 다양한 토론과 아이디어 공유를 통해 상호 성장하는 부가적인 효과도 누릴 수 있었다.

이 문화에서 가장 중요한 전제 조건은 직원들이 본인의 미완성 작품을 공유하는 데 거부감이 없어야 한다는 점이다. 남들의 시선을 의식하여 너무 완벽주의를 고집하다 보면 혼자 끙끙 앓다가 결국에는 진행 중이던 작업을 공유하지 못하거나 공유하는 데까지 시간이 너무 오래 걸려 그 아이디어가 쓸모없게 되는 경우가 있다.

'린'하게 일한다는 것

MBA 원서를 준비할 당시 내 에세이에 대한 피드백을 남들에게 구할 때도 마찬가지였다. 정말 머리가 안 돌아가고 글이 안 써지는 날에는 그냥 중요 항목 몇 개만 적어서 믿을 만한 친구한테 봐달라고 부탁한 적도 있다. 그렇게 해서 돌아오는 피드백을 빠르게 수용하고, 빨리 그다음 단계로 가거나 다른 시도를 하는 게 훨씬 효율적이다. 예를 들어 3주 안에 에세이를 작성해야 한다고 치자. 친구에게 완성작을 공유하겠다는 마음에 2주 동안 머리 싸매고 작업을 했다면, 마지막 한 주는 친구에게 받은 피드백을 반영하고 수정하는 데 남은 시간을 보낼 것이다.

따라서 나의 경우, 하루이틀 만에 전체 개요와 중요 항목을 친구에게 먼저 공유한 다음, 피드백을 빨리 받아 그다음 주에 바로 반영하여 또 한 번의 피드백을 받았다. 이런 과정을 거쳤더니, 3주가 지났을 때 훨씬 더 완성도가 높은 결과물이 나왔다.

뿐만 아니라 당시 회사에 다니고 있던 나는 여러 가지 업무와 진학 준비를 동시에 할 수밖에 없었다. MBA 학교들이 특히 중요하게 보는 에세이를 쓰기 위해서는 방해받지 않고 나 자신에 대해 생각하는 시간이 꽤 필요했는데, 스타트업에서 일하며 빨리 돌아가는 업무와 병행하기란 결코 쉽지 않았다.

그래서 내가 선택한 방식은 '린(Lean)'이다. 이것은 경영에서 많이 쓰이는 말로, 전통적인 경영에서는 치밀한 시장조사를 거쳐 완성도 높은 제품을 개발한다면 요즘 IT 스타트업들은 빠른 피드백을 통해 제품을 개발하고 출시해서 실제 성과를 측정한다. 이렇게 일하는 방식을 '린 경영'이라고 하는데, 나는 이것을 업무 처리에 적용한 것이다.

회사 일, 공부, 글쓰기 등 어떤 일을 100% 완벽하게 처리하려고 한다면, 시간을 한도 끝도 없이 들여야 한다. 그렇기에 주어진 시간 내에 해야 할 일을 무사히 완수하고 싶다면, '끊음'과 '쉼'이 무엇보다 중요하다. 혼자 낑낑 싸매고 며칠 밤새워서 완성품을 냈을 때 그 결과물이 고객들과 회사 구성원들의 마음에 들 거라고 생각하기보다는, 본인이 생각했을 때 70% 정도의 결과물을 빠르게 팀원에게 공개해 피드백을 받고 빠르게 개선해나가는 형태의 업무 처리를 개인적으로 더 선호한다.

마찬가지로 나는 회사 일과 MBA 준비를 병행할 때 매일 그날 끝내야 할 과제들을 정해놓기보다는 그날 진도를 나가야 할 과제들을 정해놓았다. 과제마다 70% 정도 완성이 되면 피드백을 받기 위해 회사 일의 경우 동료나 상사에게, MBA 준비를 위한 에세이나 서류의 경우 믿을 만한 친구에게 피드백을 요청했다. 그리고 피드백이 돌아오기까지 걸리는 시간 동안 또 다른 과제를 정해놓고, 마찬가지의 방식으로 업무 처리를 무한 반복했는데, 이 방법은 확실히 효과가 있었다.

미국의 유명한 세일즈 전문가이자 베스트셀러 작가이기도 한 그랜트 카든은 자신의 저서 《10배의 규칙》에서 이런 말을 했는데, 개인적으로 인상이 깊은 구절이라 소개한다.

'처음부터 제대로 하라는 말은 적절하지 않다. 속도야말로 성공의 새로운 요소다. 브레이크를 없애고 가속을 밟아서 다른 누구보다 빨리 아이디어를 밀어붙여라. 다른 사람들이 궁리하는 동안 성취하라. 완벽을 기하는 일은 완벽주의자에게 맡기면 된다. 나는 성과를 내는 사람이다.'

일에서는 언제나 만점을 맞을 필요가 없다. 물론 정확한 정보를 전달해야 하는 투자자나 꼼꼼한 일 처리가 중요한 기술자의 경우는 실수가 치명적인 사고로 이어지므로 당연히 속도보다 일의 정확성이 우선시되겠지만, 이런 몇몇 경우를 제외하고 일반적인 일의 대부분은 80점 정도만 완성해도 충분한 케이스가 많다.

공부든 일이든 자기계발이든 우리가 주어진 시간을 쓸 때도, 정말 중요한 일을 하기 위해서는 사소한 일에 매달려 있어선 안 된다. 70% 정도의 수준이 되었다면 빨리 끝내고, 잘못된 점이 보이면 다시 처음으로 돌아가서 재빨리 수정 및 보완하여 바로잡는 습관이 시스템화되어 있어야 한다.

남에게 맡긴다

흔히 '남에게 맡긴다'라는 것에 대해 부정적인 인식이 많다. 자신이 해야 할 일을 남에게 부탁하려는 요량쯤으로 치부하는 것이다. 그런데 불필요한 일에 시간과 에너지 낭비를 없애고, 시간을 단축하여 성과를 올리려면 '남에게 맡기는 것'은 중요한 포인트다.

대부분 사람은 자신이 모든 걸 할 수 있다고 생각하고, 또 자신이 직접 통제해야 마음이 편하기 때문에 다른 사람들에게 일을 맡기는 것을 힘들어한다. 특히 능력이 뛰어난 사람일수록 이런 성향이 강하다. 자신이 모두 하지 않으면 안 된다는 생각에, 누군가에게 일을 맡기는 것을 불안해한다.

그런데 내가 실리콘밸리에서 일하면서 깨달은 것은, 아무리 뛰어난 실력을 지닌 사람에게도 시간은 늘 한정되어 있다는 사실이다. 따라서 주어진 시간 내에서 성과를 내려면 혼자서 일을 끌어안고 있을수록 효율이 더 저하될 수밖에 없다. 훗날 팀장이나 리더처럼 직급이 올라가면 갈수록 더 힘들어진다. 물론 직급이 오르면 성과도 오르고 연봉도 오르겠지만, 끊임없이 혼자 남아 야근을 하는 악순환에 빠지고 만다. 따라서 일을 잘 위임하는 것도 능력이다. 직급이 올라갈수록 더욱 그렇다.

내가 모든 일을 완벽하게 해낼 수 있다는 착각을 버리자. 자신을 믿는 것은 좋다. 하지만 믿음을 무기로 스스로를 괴롭힐 필요는 없다. 그게 효율적이지 않기도 하다. 나를 위해, 그리고 팀을 위해 완벽주의는 던지자. 어느 정도의 수준을 정해놓고 거기에 도달했다면 '린'하게 일하자. 혼자 다 짊어지기보다 다른 사람에게 일을 나누자. 이렇게 했을 때 의외로 우리는 더욱 성장하게 되고, 능력 있는 사람으로 인정받을 수 있다.

일과 공부를 함께하기 위한
'타임 레버리지'

뱅크샐러드의 프로덕트 오너로 근무하며 나는 대략 30명의 직원으로 이뤄진 조직을 이끌어야 했다. 뿐만 아니라 팀으로 진행하고 있는 프로젝트 개수만 해도 대여섯 개는 족히 되었다. 동시에 전사적인 의사 결정에도 참여했어야 했기에 회사 업무 처리에만 온전히 시간을 쏟아도 힘든 상황이었다.

풀타임으로 직장생활을 하면서 MBA를, 그것도 세계 최고의 비즈니스 스쿨인 하버드와 스탠퍼드를 준비하는 것은 솔직히 쉬운 일이 아니었다. 업무는 업무대로 바빴고, 지원에 필요한 에세이와 각종 서류들을 준비하느라 저녁이 있는 삶은 커녕 주말까지 반납하며 정신없는 나날을 보내야 했다.

그런데 이미 페이스북 재직 시절, 시간 관리에 미숙해 온갖 고생을 경험했던 터라, 다행히도 정신없는 삶에 일찍이 브레이크를 걸 수 있었다. 나는 일과 공부, MBA 지원 준비를 동시에 할 수 있도록 시간을 확보하는 법을 고민해 생활에 적용해보았다. 그중에서도 가장 효율적이었던 방법 몇 가지를 소개한다.

여러 가지 일을 동시다발적으로, '콘텍스트 스위칭' 연습

IT 업계에 종사하고 있는 나로서는 빠르게 변화하는 트렌드, 실시간으로 변화하는 사용자 지표들, 언제 터질지 모르는 시스템 장애 등 수많은 이슈에 항상 귀를 기울여야 했다. 또, 혹시라도 문제가 생기면, 지금 무슨 일을 하고 있었든 바로 콘텍스트Context를 스위치Switch해서 대응해야 한다.

'콘텍스트 스위칭Context Switching'은 스케줄러가 기존 실행 프로세스를 우선순위 때문에 미루고 새 프로세스로 교체해야 할 때 프로세스 상태 값을 교체하는 작업을 뜻하는 IT 용어다. 이것을 우리말로 하면 '문맥을 전환하는 것'이다. 문맥을 전환하는 능력이 사람에게도 매우 유용한 개념이라는 것을 나는 직장생활을 하면서 뼈저리게 느꼈다. 일을 하면서 우리는 여러 상황에 맞닥뜨리게 된다. 혼자 작업을 하다가 다 같이 회의를 할 수도 있고, 그러다가 회사 파티나 회식에 참여해야 할 수도 있다. 더 크게 보면, 대학에서 공부를 하면서 창업을 준비할 수도 있고, 직장에 다니면서 자격증 공부나 이직을 준비할 수도 있다. 요즘은 이처럼 동시에 여러 일을 하는 사람이 정말 많다.

이런 상황에서는 문맥, 즉 상황과 업무에 맞춰 전환하는 능력이 무엇보다 중요하다. 사람은 적응의 동물이라고 하지만 사람마다 적응을 하는 데 능숙함의 차이는 있고, 이 능숙함의 차이는 학습 효율성이나 업무 효율성에서의 차이로 이어진다고 믿기 때문이다.

콘텍스트 스위칭 능력은 집중력과 몰입력을 끌어올려준다. 일을 할 때는 일 모드, 공부를 할 때는 공부 모드, 집안일을 할 때는 가사도우미 모드 등 해야 할 일의 성격에 따라 빠르게 스위치를 전환할 수 있도록 도와주기 때문이다. 그래서 콘텍스트 스위칭 능력을 연습하면, 여러 가지 일을 동시에 해야 할 때 비효율적인 에너지를 낭비하지 않게 된다. 오히려 켤 때는 확실히 켜고 끌 때는 확실히 끄는, 빠른 전환의 전략을 취함으로써 자신이 몰입해야 하는 그 순간에 최대치의 역량을 발휘할 수 있게 된다.

콘텍스트 스위칭 능력을 높이는 방법 중에 가장 효과가 좋았던 것은 '스스로를 새로운 환경에 노출시키는 습관'이었다. 나는 버클리 대학에 다니던 시절에 이것을 처음 시도해보았다. 하루는 컴퓨터실에서 하루 종일 컴퓨터 그래픽 수업 과제를 하다가, 다음 날은 친구가 주최하는 파티에 참석해 시끄러운 하우스 음악이 나오는 3층 집을 돌아다니면서 새로운 사람들과 인사를 나눠보고, 하루는 다시 스쿼시 대회에 나가서 하루 종일 경쟁심에 불타오르다가도, 그다음 날은 한국인 유학생들과 등산을 가기도 했다. 정신없을 정도로 상황을 획획 바꿔가며 살아본 것이다. 이렇게 다양한 경험을 평소에 해볼 수 있게 개인 스케줄을 짜는 것이 개인적으로 크게 도움이 되었다. 조금 불편한 자리에 가서도 금방 적응했고, 공부를 할 때도 이 과목을 공부하다가 빨리 저 과목으로 전환하는 식으로 응용했더니 좋은 효과를 얻기도 했다.

멀티플레이어가 되어야 하는 세상이다. 다양한 상황이나 과제에 적응력을 높이고 효율적으로 대응하기 위해 콘텍스트 스위칭 연습을 해보자.

'블록 타임'을 설정해 시간을 벌어라

회사 생활을 해본 사람이라면 알겠지만, 회사에서 책임이 많아질수록 부담으로 다가오는 것이 엄청난 회의의 횟수다. 협업을 요구하는 프로젝트가 많고 의사 결정을 집단으로 내려야 하는 경우가 많아지기 때문에 어쩔 수 없는 현상이지만, 미팅을 너무 자주 하게 되면 개인 업무를 집중해서 할 수 있는 시간이 줄어든다.

그래서 우리 팀 내에서는 몇 가지 룰을 정해놨다. 우선 목요일은 절대 미팅을 잡지 않는다는 룰이다. 용건이 있으면 나머지 요일 중 미팅을 잡아 처리하는 것을 원칙으로 두었고, 목요일만큼은 개인 업무에 온전히 집중할 수 있는 '블록 타임Block Time', 즉 완충 시간을 확보할 수 있게 장치를 만들었다.

또한 모든 팀 정기 회의는 월요일 또는 화요일에 몰아 잡는 것을 원칙으로 했다. 수요일과 금요일은 되도록이면 회의에서 자유로워질 수 있도록 하고자 함이었다. 이런 원칙이 없이 팀을 운영하게 되면 회의와 개인 업무 사이에 왔다 갔다 하는 시간이 많아지기 마련이고, 팀 전체의 효율이 떨어진다.

사실 이 블록 타임은 링크드인 대표인 제프 와이너가 소개한 시간 관리법을 나만의 방식으로 응용한 것이다. 연이은 회의에 정신없이 하루를 보내야 했던 제프 와이너는 하루 중 약 2시간 정도를 아무것도 하지 않는 완충 시간으로 정했다고 한다. 혹시라도 지난번에 미루어놓은 일이라든가 거절했던 미팅 약속 등을 실행할 수 있도록 여유의 시간을 마련해둔 것이다. 나는 그가 제안하는 이 완충 시간이 실제로 얼마나 중요한지를 절실히 깨달았다.

블록 타임을 정하는 데 있어 반드시 기억해야 할 중요한 사실이 하나 있다. 바로 '더 많이 일하려는 욕심'을 버려야 한다. 본인의 일에 애정이 많고 커리어적으로 욕심이 많은 사람들은 자신도 모르게 끊임없이 할 일을 만든다. 이게 잘못된 것은 아니지만, 적어도 정해진 시간 내에 내가 하고자 하는 일을 모두 끝내면 어느 선에서 재빨리 타협을 할 줄 알아야 한다. 직장인이라면 누구나 공감하겠지만, 일에는 끝이 없는 법이다. 해야 할 일을 생각하면 너무 많다.

나는 블록 타임을 업무 시간 이외에 개인적인 생활에서도 활용했다. 토요일과 일요일 중 하루를 온전히 원서 준비에 할애할 수 있기 위해 가족이나 친구들과의 식사 약속은 모두 토요일에 몰아 잡았다. 그리고 매주 수요일과 목요일은 저녁 약속을 잡지 않고 야근도 웬만하면 하지 않으려고 했다. 평소 미팅이 많은 월요일과 화요일은 어차피 분주하게 움직여야 하니 저녁 약속이나 각종 집안일을 하는 날로 여겼다. 대신 수요일과 목요일은 아침부터 저녁 시간 전까지 온전히 집중하여 개인 업무를 하는 시간으로 최대한 만들고, 그 여세를 몰아 저녁 시간 이후에는 MBA 원서 준비를 집중하는 리듬을 구축했다.

그렇게 수요일, 목요일 반나절 그리고 일요일 한나절 매주 적어도 이틀 정도는 온전히 원서에 집중할 수 있는, 누구에게도 방해받지 않을 수 있는 시간을 확보했고 나머지 요일에는 최대한 기타 업무들을 몰아서 처리하는 방식으로 일과 공부를 병행했다. 그 덕분에 여러 마리의 토끼를 동시에 잡을 수 있었다.

평소보다 1시간 빠른,
나만의 시차를 만들어라

시간을 늘리는 방법은 없다. 다만 시간이 늘어나는 것처럼 착각하게 만드는 방법은 있다.

워낙 바쁜 일정 탓에 24시간이 모자랐던 나는 어떻게 하면 지금의 일정 내에서 공부할 수 있는 시간을 따로 벌 수 있을지를 고민했다. 그 결과 내가 신이 아닌 이상 정해진 시간을 바꿀 수 없다면, 내가 시간이 많다고 느껴지도록 자기 암시 하는 방법을 떠올려냈고, 이것을 실생활에도 적용했다.

대표적인 예가 바로 '나만의 시차' 만들기다. 나는 중요한 프로젝트를 앞두거나 혹은 중대한 시험을 앞두고는 항상 평소보다 1시간 먼저 하루를 시작한다. 아침에 1시간 일찍 기상하고, 1시간 일찍 출근하고, 1시간 일찍 오전 업무를 끝낸 뒤 1시간 일찍 점심 식사를 하는 식이다.

뿐만 아니라 이 기간에는 시간을 벌기 위해서라면 돈도 아끼지 않는 편이다. 출퇴근을 하거나 외부 미팅 장소로 이동할 때 낭비되는 시간을 줄이고, 스트레스를 덜 받는 쪽을 위해 택시를 타고 이동한다. 비록 비싼 비용을 지불해야 하지만, 대신 업무에 따른 시간의 밀도를 따져본다면 훨씬 더 효율적이다.

직장에서 여러 업무를 수행하거나 공부를 병행하는 사람들이 있을 것이다. 집에 돌아가면 집안일도 해야 하고 육아도 해야 할지 모른다. 알고 보면 누구나 여러 역할을 수행하고, 여러 가지 일을 동시에 해내고 있다. 그러다 보면 어떨 때는 과부하가 걸려서 다 내려놓고 싶을 때가 온다. 그러니 자신이 현재 그런 상황에 처해 있다면, 아니 그런 상황을 막고 싶다면 지금까지 소개한 방법들을 한번 시도해보길 추천한다.

시간을 알차게 활용하는
'시간 분배법'

정해진 시간 내에서 크고 작은 일들을 최대한 많이 성취하고 싶다면, 당연히 계획성 있는 삶을 사는 것이 중요하다. 나의 경우, 직장생활을 하며 공부도 병행해야 하고, 자기 관리에도 늘 소홀하고 싶지 않았기에 다음과 같이 주별로 '시간 분배표'를 작성해서 사용한다.

내가 쓰는 시간 분배표는 일반적인 계획표와는 조금 다르다. 사람은 누구나 시간을 사용하는 자신만의 리듬과 스타일이 있기 때문에, 정형화된 계획표를 쓰기보다는 자신의 리듬과 스타일을 고려하여 플래닝 습관을 찾아내는 것이 선행되어야 한다. 나 역시 여러 번의 시행착오 끝에 촘촘한 일별 계획표를 사용하는 것보다 일주일 단위로 대략적인 시간 활용 계획을 세우고 따르는 것이 나의 리듬에 가장 적절하다고 판단했다.

처음에는 하루를 30분 단위로 쪼개어 48개의 구간으로 나누거나 혹은 한 시간 단위로 쪼개어 24개의 구간으로 나누어 계획을 세웠다. 그런데 몇 번 시도해보았더니 이런 계획표는 실천하기도 힘들뿐더러, 오히려 그날 해야 할 일을 모두 마치지 못해 스트레스 지수만 높아졌다. 당연히 의욕도 상실되어 다음 날까지 지장을 주었다. 따라서 나는 기존에 습관적으로 사용해오던 계획표를 모두 버리고, 나에게 맞는 기준을 정한 뒤 계획표를 다시 세웠다.

계획을 세울 때 내가 가장 신경 쓰는 부분은 '계획을 세우는 것 자체가 목표가 되지 않는 것'이다. 특히 해야 할 일이 너무 많거나, 이루고 싶은 목표가 지금의 수준보다 높으면 마음이 조급해지고, 의욕이 앞서게 된다. 그러면 나도 모르는 사이에 계획표가 아주 빼곡하게 채워진다. 빽빽하고 완성도 높은 계획표가 하루를 알차게 보내는 것만 같은 성취감을 주는 것은 사실이다. 그러나 100점짜리 계획표를 만들고 아무것도 실천을 못 하니 계획표를 만들 시간에 잠을 한숨이라도 더 자는 게 이득이다.

테마	카테고리	일요일		월요일		화요일		수요일		목요일		금요일		토요일		총계
학과 공부	행동 심리학			케이스 리딩	2					숙제	1			숙제	1	
	금융			숙제	1							숙제	2			17
	회계							숙제	2							
	비즈니스 윤리	케이스 리딩	3													
	최적화 시뮬레이션 모델링	그룹과제	2													
	경영 전략					케이스 리딩	3									
	일별 총 투자 시간	5		3		3		2		1		2		1		
개인 성장	운동	유산소	0.5	웨이트+유산소	1			웨이트+유산소	1			웨이트+유산소		유산소	0.5	
	크립토 스터디 그룹					Meetup	2			Meetup	2					
	Dapp 개발 유튜브 영상	1회 시청	1	1회 시청	1			1회 시청	1			1회 시청	1	1회 시청	1	17
	독서									Reading Block	1	Reading Block	3			
	일별 총 투자 시간	1.5		2		2		2		3		5		1.5		
인맥 관리	한국	Zoom with 석찬	1											Zoom with 준용	1	
	서부			Alchemy 방문	3									GSB Poker Night	3	11
	동부							Call with 영석	1			Call with David	1	Call with John	1	
	일별 총 투자 시간	1		3		0		1		0		1		5		
	총 투자 시간	7.5		8		5		5		4		8		7.5		45

한 주의 테마 정하기

나는 계획을 세울 때 이번 일주일 동안 내가 가장 신경 써서 우선적으로 해야 하는 일이 무엇인지 생각한다. 이것을 나는 '테마'라고 부른다.

그때그때 나의 상황에 맞춰서 테마들을 정하는데, 직장인이었을 때는 주로 현재 진행 중인 프로젝트, 운동, 취미생활

테마	카테고리	일요일		월요일	
학과 공부	행동 심리학			케이스 리딩	2
	금융			숙제	1
	회계				
	비즈니스 윤리	케이스 리딩	3		
	최적화 시뮬레이션 모델링	그룹과제	2		
	경영 전략				
	일별 총 투자 시간	5		3	
개인 성장	운동	유산소	0.5	웨이트+유산소	1
	크립토 스터디 그룹				
	Dapp 개발 유튜브 영상	1회 시청	1	1회 시청	1
	독서				
	일별 총 투자 시간	1.5		2	
인맥 관리	한국	Zoom with 석찬	1		
	서부			Alchemy 방문	3
	동부				
	일별 총 투자 시간	1		3	
총 투자 시간		7.5		8	

등을 테마로 잡곤 했다. MBA 학생인 지금은 주로 학과 공부와 인맥 관리에 신경을 많이 쓰고 있다.

자신에게 맞는 일주일의 테마를 잡는 것은 중요하다. 테마를 세우는 것만으로도 한 주 동안 무엇에 집중해야 하는지 한눈에 파악할 수 있어 일의 우선순위를 빨리 정할 수 있다. 무엇보다 삶의 균형을 잡기가 수월해진다. 만약 테마를 잡지 않고 한 주를 시작하게 되면 그때그때 처리해야 할 일들에 매몰되어 버려 한 가지 테마에 과도하게 치중된 한 주를 보내게 될 가능성이 크다.

예를 들어 나의 경우, 올해 11월 2주 차 때 '학과 공부', '개인 성장', '인맥 관리' 이 세 가지를 주요 테마로 정했다. 세 가지 테마 중에서도 '학과 공부'와 '개인 성장'에 더 많이 집중하고, 남는 시간은 대인 관계에 시간을 투자하는 식으로 디자인했다.

세부 카테고리 설정하기

테마를 정했다면 그다음에는 각 테마별로 세부 카테고리를 설정한다. '학과 공부'의 경우는 과목별로, '인맥 관리'의 경우는 지역별로 더욱 세분화하여 나누어 정리를 한다. 이처럼 본인이 실천에 옮기기 편한 쪽으로 자유롭게 정하되, 'MECE^Mutually Exclusive and Collectively Exhaustive(각각의 카테고리가 상호 배타적이면서 모였을 때는 완전히 전체를 이루는 상태를 의미)'를 설정한다. 테마가 큰 방향성을 나타낸다면 세부 카테고리들은 구체적인 전략을 의미한다고 생각하고 되도록 세밀하게 정해야 한다.

테마	카테고리	일요일		월요일	
학과 공부	행동 심리학			케이스 리딩	2
	금융			숙제	1
	회계				
	비즈니스 윤리	케이스 리딩	3		
	최적화 시뮬레이션 모델링	그룹과제	2		
	경영 전략				
	일별 총 투자 시간	5		3	
개인 성장	운동	유산소	0.5	웨이트+유산소	1
	크립토 스터디 그룹				
	Dapp 개발 유튜브 영상	1회 시청	1	1회 시청	1
	독서				
	일별 총 투자 시간	1.5		2	
인맥 관리	한국	Zoom with 석찬	1		
	서부			Alchemy 방문	3
	동부				
	일별 총 투자 시간	1		3	
총 투자 시간		7.5		8	

해야 할 일과 예상 소요 시간 작성하기

세부 카테고리를 작성했다면 다음은 각 카테고리에 맞게 일별로 '해야 할 일'을 정하는 것이다. 요일별로 할 일을 정하고 옆에 예상되는 소요 시간을 작성한다. 그런 다음 각 카테고리마다 하루에 몇 시간씩 소요될지를 엑셀 수식을 통해 볼 수 있도록 한다. 모든 카테고리에 대해 하루에 총 소요될 시간도 함께 표기한다.

여기서 하루 총 투자 시간은 되도록 8시간을 넘지 않도록 분배표를 디자인하는 것이 좋다. 수면 시간, 직장에서 보내는 시간, 학교에서 보내는 시간, 최소의 식사 시간 등을 고려하면 하루 24시간 중 8시간 이상을 할애하기도 쉽지 않기 때문이다.

우선, 바꿀 수 없는 일정부터 표기하자. 예를 들어, 학생의 경우 숙제를 내야 할 최종 제출일이나 시험 전 복습을 마무리해야 할 마감 날짜가 있을 것이고, 직장인이라면 정해진 프로젝트 마감일처럼 필수적으로 수행해야 할 스케줄부터 먼저 표기한다. 간혹 필수 스케줄만 작성을 했는데도 벌써 하루 8시간의 일정이 꼭 차버릴 때도 있다. 이런 경우에는 과감하게 필수 스케줄에만 집중하는 한 주를 보낼 각오를

	일요일		월요일		화요일		수요일	
			케이스 리딩	2				
			숙제	1				
	케이스 리딩	3						
	그룹과제	2						
					케이스 리딩	3	숙제	2
소요 시간	5		3		3		2	
	유산소	0.5	웨이트+유산소	1			웨이트+유산소	1
					Meetup	2		
	1회 시청	1	1회 시청	1			1회 시청	1
소요 시간	1.5		2		2		2	
	Zoom with 석찬	1						
			Alchemy 방문	3				
							Call with 영석	1
소요 시간	1		3		0		1	
하루 총 투자 시간	7.5		8		5		5	

해야 한다.

　하지만, 대부분의 경우 필수 스케줄을 작성하고 나면 추가적으로 활용할 수 있는 여분의 시간이 생긴다. 이때도 마찬가지로 하루에 8시간 이상을 사용하지 않도록 유의하며 나머지 계획을 차근차근 작성한다. 나의 11월 2주 차 스케줄을 예시로 들자면, 주말의 마지막 날인 일요일에 최대한 많은 시간, 즉 총 7시간 30분을 학과 공부 및 개인 정비의 시간으로 사용하도록 배정되어 있다. 그 기세를 몰아, 주말 동안 축적한 에너지를 월요일에 가장 많이 사용하도록 시간 분배표를 디자인했다.

월요일에는 학과 공부와 운동을 주로 하고, 나머지 시간에는 관심 있는 회사 본사를 직접 방문하거나 혹은 업계 소식 및 관련 기사들을 꾸준히 업데이트한다. 일종의 사전 답사 및 자료 조사라고도 할 수 있다. 참고로 내가 이 일을 굳이 월요일에 배치하는 이유는, 머리를 식히면서 동시에 내가 이루고자 하는 목표에 강력한 동기부여가 되기 때문이다. 월요일에 이런 일들을 하면 좋은 점이 많다. 일단 한 주를 의욕 넘치게 시작할 수 있을 뿐만 아니라, 앞으로 일주일 더 넓게는 한 달, 일 년까지 내가 무엇을 그만두는 반면 또 무엇을 새롭게 시작해야 하는지를 최종 목표에 맞춰 결정 및 점검할 수 있도록 도와준다. 이 외에도 오랜 지인들을 만나거나 평소 시간적인 여유가 부족해 처리하지 못한 일들을 주로 이 시간에 배정하여 총 8시간을 보낸다.

일요일과 월요일을 바쁘게 보내는 대신, 나머지 요일들은 조금 여유 있게 시간을 쓰도록 했다. 금요일과 토요일 일정이 다시 바빠지는 것처럼 보이지만 주로 독서나 멀리 있는 지인들과 줌콜을 진행하는 시간들이기 때문에 스트레스가

적은 일정으로 채워놓았다.

위와 같이 나 스스로 납득할 수 있고 실천 가능한 스케줄이 나올 때까지 엑셀 시트 내에서 조정에 조정을 거치면 마지막으로 카테고리별로 주간 총 소요 시간을 확인한다. 내가 가장 중요하다고 생각하는 테마에 가장 많은 시간을 쓰고 있는지, 덜 중요하다고 생각하는 테마에 너무 많은 시간을 소요하도록 디자인되진 않았는지 한번 확인하고 필요한 경우 조정을 하기도 한다.

물론 시간 분배표를 열심히 만드는 것보다 더 중요한 것은 당연히 실천이다. 모든 계획을 구글 캘린더에 표시해놓고 나면, 그 시간표에 맞춰서 실천하는 일만 남게 된다. 그리고 내게 주어진 하루하루를 최대한 캘린더에 맞춰 충실하게 살기 위해 노력한다.

계획은 큰 목표부터 작은 목표까지 최대한 세부적이고 꼼꼼하게 체크하여 잡되, 실천할 때는 최대한 기계적으로 움직이는 것이 핵심 포인트다. 시간 분배표대로 실천하다 보면, 주어진 하루 24시간이 생각보다 무척 짧다는 것을 느끼게 된다. 따라서 미리 시간 분배를 해놓고 막상 하루가 시작하면, 되도록 별 생각하지 않고 바로바로 행동하는 편이 좋다.

오늘 거절하는 일이
내일 더 많은 시간을 만들어준다

"내일 더 많은 시간을 만드는 일에 오늘 시간을 투자하는 자세를 가지면 시간을 크게 늘릴 수 있다."

사우스웨스턴컨설팅 공동 창립자 로리 베이든이 한 말이다. 뱅크샐러드 리더 시절, 조직을 운영하는 수장의 자리에 오르자 나에게 무언가를 요청하는 연락이 무척 잦아졌다. 하루에도 수십 건씩 업무 관련 요청의 이메일이 쏟아졌고, 소셜 미디어 계정을 통해 각종 인터뷰 요청이 들어왔으며, 스마트폰에는 모임과 식사 약속을 잡자는 지인들의 메시지로 가득했다.

물론 그만큼 내가 필요하다는 뜻이니 무척이나 감사한 일이다. 그렇기 때문에 처음에는 당연히 거절이 어려웠다. 나에게 호의를 보여준 사람, 나를 필요로 하는 사람들의 감정을 상하게 할까 봐 두려웠고, 그들에게 상처가 되는 무례한 행동을 하고 싶지 않았다.

하지만 매일 아침 해야 할 일과 내 컨펌만을 기다리는 서류가 잔뜩 쌓여 있는 상황에서, 그 많은 요청에 일일이 수락하고 대응하는 것은 거의 불가능에 가까웠다. 특히 오랜 시행착오 끝에 내 하루는 반드시 미리 계획해둔 스케줄대로 진행해야 한다는 나름의 철칙이 있었기에, 더욱 단호한 결단이 필요했다. 그리 중요하지 않은 일은 오늘 확실히 거절하지 않으면, 내일 내게 주어진 시간이 그만큼 짧아진다는 걸 페이스북 재직 시절의 경험을 통해 이미 잘 알고 있었다. 그래서 나는 최대한 무례하지 않게 거절하는 법에 대해 고민하기 시작했다.

정중하게 거절하는 요령

업무 관련 요청 메일은 당연히 가장 먼저 처리했다. 하지만 이것 역시 일주일 내로 결정해야 할 것들과 그렇지 않은 것들로 구분하여, 전자에 해당하는 경우만 즉시 처리했다. 또 회사의 핵심 업무와 관련된 것들 위주로 처리했으며, 그렇지 않은 경우는 "연락을 주셔서 고맙습니다만, 지금은 다른 급한 일정이 있어서 즉답이 어려워 00월 00일까지 회신 드리겠습니다"라는 메시지를 남기고 다음 일정에 기록해두었다. 그러나 회사 업무에 관한 것은 뒤로 미루지 않고 가급적 바로바로 처리한다.

다음으로 각종 인터뷰나 외부 미팅 요청의 경우는 대부분 반드시 급한 건은 아니다. 따라서 일단 이메일로 간략한 내용을 정리해서 보내달라고 요청을 해두는 편이다. 이메일로 내용을 확인한 뒤, 꼭 필요하다고 생각되면 바로 스케줄을 잡지만, 그렇지 않은 경우는 대부분 거절한다. 이때 쓰는 방법이 "정말 감사합니다. 저도 너무 만나 뵙고 싶지만, 00월 00일까지는 도무지 시간이 나질 않습니다"라고 정중히 거절한다.

여기에 하나 더하자면, "~~한 이유라면 저 대신 다른 분을 소개해드리겠습니다" 하면서 나에게 도움을 요청하는 상대에게 대안을 제시하는 것이다. 그러면 상대에게 나의 미안한 마음을 전달할 수 있고, 필요한 경우 언제든지 껄끄럽지 않게 만날 수 있도록 여지를 남길 수 있다.

자신만의 기준이 있는 사람은
결코 시간을 낭비하지 않는다

'시간은 금'이라는 말이 있다. 하지만 나는 시간이 '금보다 오히려 목숨에 가깝다'라는 쪽에 한 표다. 표현이 좀 극단적이긴 해도, 그만큼 시간은 정말 중요하기 때문이다. 예전의 나를 떠올려보면 시간을 허투루 낭비한 적이 참 많았다. 이 사람 저 사람이 부를 때마다 거절하지 못해 끌려다녔고, 나조차 감당하기 힘든 부탁을 들어주느라 정작 내 할 일은 제대로 하지 못해서 주말까지 일하는 게 일상이었다. 매일 눈코 뜰 새 없이 바빴지만, 그것은 내가 원하는 하루가 아니었다.

지금 생각해보면, 시간을 쓰는 나만의 기준이 없었던 게 문제였다. 자기 기준이 명확하지 않으니까 불필요한 일에 시간을 쓰고, 정작 필요한 일을 해야 할 때는 시간이 없는 모순적인 상황이 반복된 것이다.

하물며 옷을 하나 살 때도 자신이 좋아하는 스타일, 색, 소재 등을 알면, 망설이는 시간이 줄어든다. 구입해놓고 어울리지 않거나 마음에 들지 않아서 뒤늦게 후회할 확률도 적다. 당연히 쓸데없이 돈을 낭비할 일도 없다. 나는 시간도 이와 같다고 생각한다. 시간을 잘못 쓰는 사람은 기준이 없는 사람이다. 그러니 자신의 목표를 이루는 데 불필요한 일들에는 단호하게 거절할 수 있는 용기가 필요하다. 하루는 24시간밖에 없고, 우리에게 쓸모없는 시간은 단 1분조차 없다.

CHAPTER 3
당신은 시간을 버리는 사람인가, 시간을 버는 사람인가

나보다 일 잘하는 사람의
시간을 훔쳐라

페이스북에서의 생활은 하루하루가 마치 전쟁터와 같았다. 페이스북은 실리콘밸리에서도 가장 경쟁이 치열한 회사라고 불릴 정도였으니 오죽했겠는가. 당시 페이스북에서 나는 테크리더(기술팀장)를 맡았는데, 당연히 처음부터 업무 효율이 높지는 않았다. 전 세계에서 모여든 '천재'들이 가득한 회사에서 나 자신이 한없이 작아 보이기도 했다. 나는 몇 날 며칠 걸려서 겨우 해결할 일을 다른 누군가는 몇 시간 만에 뚝딱 해치우는 걸 보며 자괴감에 빠지기도 했다.

그래서 생각해낸 것이 바로 나보다 경력이 많은 선배 중 한 명, 입사 동기 중 나보다 실력이 뛰어난 또래 한 명을 자

체적으로 선정해, 그들이 일하는 방법을 그대로 보고 배우는
것이었다. 그게 일을 가장 빠르고 효율적으로 배우는 방법이
라고 생각했다. 며칠이 걸리던 일을 몇 시간은 아니더라도
하루 만에 끝내는 정도의 수준까지는 다다를 수 있지 않을까
하는 생각이 들었다. 그렇게 단축한 시간은 내 것이 된다. 배
울 수 있는 사람을 찾아 능력을 높이는 것이 최고의 시간 관
리다. 페이스북에서 나를 버틸 수 있게 해준 비결이 역시 바
로 이것이었다.

나는 두 명을 멘토로 삼고 그 둘과 교류하는 시간을 자주
가지려고 노력했다. 주기적으로 교류하면서 회사 생활의 어
려운 점에 대해 상담을 요청하기도 하고 기술적으로 어려운
부분들에 대한 해결을 도와달라고 요청하기도 했다.

나보다 잘하는 사람이면 된다

한 명은 우크라이나에서 온, 내 옆자리에 앉은 동료였다.
나보다 한 살 어린 그는 페이스북에서도 '젊은 천재 개발자'
로 유명했다. 물론 처음부터 아무 이유 없이 그를 무작정 쫓
아다닌 것은 아니었다. 그는 당시 영어를 그다지 잘하지 못

했었다. 그래서 퇴근 후 나는 그 동료에게 영어로 이런저런 대화를 시도하며 영어 회화 연습을 도와주었다.

그렇게 시간이 흘러 어느 날 그가 나를 자신의 집에 초대했다. 나중에는 그의 아내까지 함께 저녁을 먹을 정도로 친해졌다. 교류하는 시간이 길어지니 자연스럽게 업무적인 이야기도 많이 나누게 되었고, 질문도 많이 했다. 이때 그가 들려준 노하우를 나만의 방법으로 다시 재구성하여 업무에 응용했는데, 도움이 참 많이 되었다. 고작 한 살이지만 나보다 어린 사람을 멘토로 삼는다는 게 우리나라 정서상 의아해 보일지 모르겠다. 하지만 나보다 어리거나 직급이 낮다고 해서 배우려고 하지 않고 자존심만 부리다가는 결코 성장할 수 없다. 그게 누구든 나보다 나은 사람에게서 내가 필요한 능력을 취하는 것이 바로 나 자신을 위한 일이다.

또 한 가지 중요한 것은, 상대도 나를 보고 배우는 점이다. 나의 경우엔 영어를 연습하는 파트너가 되어주었다. 나한테는 아무것도 아닌 일이 상대에게는 큰 도움이 될 수도 있다. 인간관계에서 누구 하나가 일방적으로 주기만 하는 관계는 성립하지 않는다. 멘토도 멘티를 보며 자극을 받고 배우기도 한다. 그러니 너무 거드름을 피울 필요도 없지만, 또 너무 비굴할 필요도 없다. 서로 영향을 주고받아야 각자의 성장을 도모할 수 있다.

목표를 이루는 데 도움이 되는 사람

또 다른 멘토는 당시 내가 속한 조직의 리더였다. 그 역시 마이크로소프트에서 화려한 경력을 쌓고 스타트업을 거쳐 페이스북에 온 베테랑이었다. 그는 팀원 한 명 한 명을 따뜻하게 챙기는 그야말로 이상적인 리더였다. 전쟁터 같은 실리콘밸리에서 흔히 볼 수 있는 타입은 아니었다. 실력은 실력대로 뛰어나고, 팀원들을 세심하게 잘 이끌어 조직을 운영하는 모습을 보며, '나도 나중에 저런 리더가 되어야지' 하는 생각이 절로 들게 만드는, 훌륭한 롤모델이었다.

사실 회사에는 닮고 싶은 성공 사례가 꽤 있었다. 나의 경우, 언젠가는 나도 내 사업을 차리고 싶다는 마음이 은연중에 있었다. 하지만 막상 독립하여 창업을 하게 되면 주위에 배울 만한 사람을 만나는 것은 좀처럼 쉽지 않다는 얘기를 늘 들어왔기 때문에, 어쩌면 지금이 기회가 아닐까 하는 생각이 들었다. 내가 조직의 리더가 되거나 한 회사의 대표가 된다고 가정했을 때, 지금 그에게 배워두면 좋을 점이 여러 가지로 많을 것 같았다.

나는 그에게 찾아가, 조심스럽게 2주에 한 번씩 30분 정도 미팅을 가져도 되겠느냐고 물었다. 당연히 바빠서 거절할 줄 알았는데, 나의 적극성에 놀란 그는 흔쾌히 내 제안을 승낙했다. 그 뒤로 나는 전체적인 업무 방향과 팀원으로서 내 역할, 회사 내에서 나의 목표, 장기적인 커리어 계획 등 업무는 물론 개인적인 비전에 이르기까지, 나의 크고 작은 고민을 그와 논의했고 그렇게 도움을 받아 험난한 회사 생활을 이겨낼 수 있었다. 앞서 소개한 우크라이나인 동료는 직무에 있어서 배울 게 많았다면 이 상사에게서는 더 거시적인 관점에서 배울 게 많았다. 이처럼 당장의 직무를 위한 멘토뿐 아니라 자신의 궁극적인 목표에 도움이 될 만한 멘토를 찾는 것도 중요하다.

생각보다 우리 주변에는 나보다 훌륭한 사람이 너무나 많다. 나보다 나이가 어리다거나, 이런저런 단점이 있다면서 벽을 치기보다는 열린 마음을 갖고 주변을 돌아보면 모든 사람에게서 배울 점이 한 가지는 있을 것이다. 그 사람들을 멘토로 삼고 그들의 노하우를 배우는 것이 가장 시간을 절약하고 효율적으로 쓰는 방법이라는 걸 명심하자.

시간 관리에
유용한 애플리케이션 추천

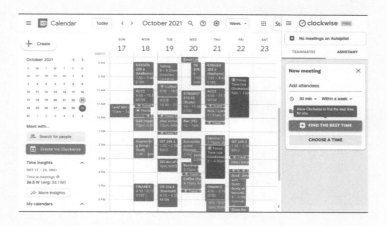

1. Clockwise

구글 캘린더 툴과 연동할 수 있는 크롬 익스텐션이다. 개인 생산성 향상을 위해 구글 캘린더에 등록된 각종 회의와 약속의 배치를 최적화시키는 서비스다. 스케줄이 띄엄띄엄 잡혀 있는 경우 그 스케줄들을 재배치해서 개인 업무를 볼 수 있는 포커스 타임Focus Time을 최대한 많이 확보해주는 역할을 한다. 또 누군가와 미팅을 잡기 전에 그 미팅 시간을 언제로 잡는 것이 가장 생산성에 도움이 될지 조언도 해줘 아주 유용하다.

2. WeCroak

하루에 다섯 번씩 '나는 언젠가는 죽는다'라는 리마인더를 폰 알림을 통해 보내주는 모바일 앱 서비스다.

부탄 사람들이 행복을 위해 죽음에 대해서 하루 다섯 번씩 생각한다는 속담에서 영감을 받아 만든 앱이라고 한다. 나의 경우는 개인적으로 하루에 리마인더를 받으면서 '아, 오늘도 아깝지 않게 알찬 하루를 보내야지'라는 다짐을 하게 되어서 좋았다. 물론 콘셉트는 조금 기괴하긴 하지만, 최근에 내가 가장 톡톡히 효과를 보고 있는 앱이기도 하다.

3. Calendly

다른 사람들이 내 캘린더에 15분짜리, 30분짜리, 1시간짜리
미팅을 편리하게 잡을 수 있도록 만들어진 서비스이다. 내가
편한 시간대에 미팅이 가능하도록 시간 슬롯들을 열어두고 다
른 사람들이 그 슬롯들 중에 본인이 편리한 시간에 미팅을 잡
을 수 있다. 미팅이 잡히면 자동으로 줌 링크도 추가되도록 설
정하는 것도 가능하다.

C   H   A   P   T   E   R   4

성공의 정의는 세상이 아닌, 스스로가 내리는 것이다

페이스북, 하버드와 스탠퍼드를 사로잡은 비결

합격률 3%를 뚫고
페이스북에 입성하다

버클리에 재학 중이던 2013년 8월 말에 제대를 하고 그해 9월에 곧바로 복학을 했다. 급했던 것도 맞고 설렜던 것도 맞다. 군 생활 동안 자아 성찰의 시간을 보내면서, 미국에 돌아가자마자 글로벌 IT 기업에 취직해야겠다는 결심을 하고 나니 더 이상 지체할 시간 없이 바로 실행에 옮겨야겠다는 생각뿐이었다.

사실 나는 결정을 내리기까지는 오랜 시간 심사숙고를 하고 꼼꼼히 따지는 스타일이지만, 일단 결정을 내리면 뒤도 돌아보지 않고 돌진하는 편이다. 옳은 결정이란 없다고 생각하기 때문이다. 미래는 내가 만들어가기 나름이고, 또 내가 열심히 한다고 해도 외부 변수가 항상 존재하기 때문에 올바른 결정을 내린다는 것은 애초에 허상에 불과하다고 생각한다. 다만, 내가 결정을 하기 전에 심사숙고를 하는 이유는 내 마음이 편하기 위해서다. 내가 어떠한 결정을 내리는 타당한 이유, 내가 납득할 만한 이유가 있어야 잡념 없이 그 결정을 믿고 달릴 수 있기 때문이다. 일단 내가 마음이 편해지는 결정을 한 이후에는 그 결정을 옳은 결정으로 만들기 위해 오직 앞만 보고 달려간다.

그렇게 마음의 결정을 내린 상태로 복학을 했다. 내가 가고 싶었던 회사들을 목록으로 만들었고, 차례대로 지원서를 써냈다. 그중에서도 가장 가고 싶었던 회사는 단연 '페이스북'이었다. 군 생활 시절, 나를 비롯해 수많은 군인들이 가족과, 친구와, 사회와 연결되어 있다는 느낌이 들도록 고리 역할을 해준 소셜 네트워크의 힘에 매료되었기 때문이다. 그렇게 혼신을 다해 준비한 결과, 나는 매년 합격률 3%에 불과한 페이스북에 치열한 경쟁을 뚫고 합격할 수 있었다.

비교적 빠르게, 그것도 세계 일류 기업에 합격할 수 있었던 비결에 대해 묻는 사람들이 많다. 대부분 글로벌 기업에서 일하고 싶은 후배들, 자기소개서나 면접을 준비하는 취업 준비생들이다. 사실 나 역시 취업을 준비하면서 이렇다 할 정보를 얻기가 힘들었던 터라, 언젠가 기회가 된다면 나만의 합격 비결을 정리해서 알려주고 싶다는 마음이 늘 있었다. 그래서 이번에는 시험과 이력서를 준비하는 과정과 팁을 공유하고자 한다.

100%가 아니라 120%를 준비하라

어렸을 때부터 각종 경시대회와 입학시험을 치러 왔고 수많은 시험과 면접에 대한 대비를 해왔다. 그만큼 많은 시행착오를 겪으면서 나만의 방식을 찾으려고 노력해왔다.

수년간의 시행착오 결과, 시험 준비에 있어서 가장 쓸모없다고 생각되는 것이 시험이나 면접 트렌드를 분석하는 것이다. '작년은 어땠고 재작년은 어땠으니 올해는 이럴 거야'라는 분석이나 '올해는 이런 유형의 질문은 안 나올 거야'라는 분석이다. 다들 그 나름대로의 논리가 있고 확률적으로 맞는 경우도 있다. 다만 나에게 맞는 방식은 아니었다. 물론, 얼마나 성취하고자 하는지에 따라 마인드셋이 달라지겠지만 기준이 높다고 하면 어차피 모든 걸 다 샅샅이 공부해야 한다. 그렇게 생각하면 시험 출제나 면접 질문 동향에 대해 연구하는 것 자체가 시간 낭비가 된다.

IT 기업에 엔지니어 포지션으로 취직을 하기 위해서는 면접에서 알고리즘 질문과 행동 관련 질문, 즉 일에 대한 태도와 소통 능력을 보기 위한 질문에 답변을 잘하는 것이 중요하다. 두 가지 질문 모두 유형이 워낙 다양하고 인터넷에 기출 문제들이 나와 있기 때문에 트렌드 분석을 할 수도 있다. 하지만 나는 유형이나 트렌드와 상관없이 다 공부하고 모든 문제를 알아야 한다고 생각하고 준비했다. 예상치 못한 문제가 출제되는 경우도 있고, 면접관의 성향에 따라 트렌드에 맞지 않은 질문이 나올 수도 있기 때문이다. 무엇보다 모든 걸 준비해야 내 마음이 편해져서 심리적으로 안정적인 상태에서 면접을 볼 수 있다.

첨삭은 단 한 사람에게만

이력서는 많은 사람에게 첨삭을 받기보다 가장 믿을 만한 한 사람에게 받는 것이 낫다. 사공이 많으면 배가 산으로 간다는데 갈수록 이 진리를 뼈저리게 느끼고 있다. 어떤 일에 도움을 받고자 한다면 도움을 누구한테 받을지 결정하는 것이 첫 번째 과정일 테고, 도움을 실제로 받는 것이 두 번째 과정일 것이다.

이 두 가지 과정 중 첫 번째가 훨씬 중요하다. 도움받을 사람이 너무 많으면 도움들 자체를 파악하는 데 시간이 소요되고 그중 가장 믿을 만한 조언은 어떤 것인지 판단을 내려야 하기 때문에 오히려 비효율적이다.

그래서 이력서 첨삭의 경우 나는 회사에 이미 직원으로 있는 분의 첨삭을 받았다. 당시 복학생이었기에 이렇게 도움을 구하기 조금 유리하긴 했다. 한국인으로서 내가 군대를 다녀오는 동안 미국인 동기들은 이미 졸업하고 취직을 했기에, 내가 가고자 하는 회사에 이미 선배로 가서 일을 하고 있었던 것이다. 일부러 노린 건 아니었지만, 3학년을 마치고 군대를 다녀온 타이밍이 운 좋게 작용했다. 페이스북에서 이미 일하고 있는 동기 중 하나에게 페이스북에 제출할 이력서 첨삭을 받았고, 트위터는 트위터에서 일하는 친구에게, 구글은 구글에서 일하는 친구에게 받았다. 그 외의 어느 누구에게도 따로 첨삭을 받지 않았다.

나의 경우는 운이 좋았을 뿐, 지인이 내가 지원하는 회사에 다니는 경우는 흔치 않을 것이다. 그렇다면 비슷한 업계에서 일하는 사람이나 채용에 관해 잘 아는 사람 등 어떤 방면에서건 가장 신뢰 가는 한 사람에게만 첨삭을 받는 것을 추천한다.

결국엔 철저하게 준비하라는 진부한 말이 되고 말지만, 정말 가고 싶은 회사라면 후회 없이 준비해보자. 설사 떨어지더라도 그 과정에서 배우는 게 많다. 불합격했다면 어떤 문제가 있었는지 고민해보고 다른 회사에 지원할 때는 조금 다르게 수정해볼 수 있다. 때론 이 회사에서 감점 요인이었던 것이 다른 회사에서는 강점이 되기도 한다. 이처럼 취업은 나와 맞는 회사를 찾는 과정이기도 하다.

CHAPTER 4
성공의 정의는 세상이 아닌, 스스로가 내리는 것이다

무조건 합격하는
나만의 면접 비법

페이스북 엔지니어 채용 과정은(사실 거의 모든 실리콘밸리 테크 회사 엔지니어 채용 과정이라고 봐도 무방할 것이다) 이력서 검토로 이뤄지는 1차 서류 전형, 전화 또는 학교 캠퍼스에서 1시간 정도 진행되는 2차 면접, 마지막으로 회사 건물 또는 캠퍼스에서 반나절 동안 이뤄지는 3차 면접으로 보통 진행된다.

1차 서류 전형의 경우 정말 딱 이력서만 제출하면 된다. 자기소개서를 쓰지 않아도 되고 증명사진을 찍지 않아도 되며 포트폴리오를 제출할 필요도 없다. 물론 포트폴리오나 자기소개서 등을 선택적으로 첨부할 수 있으나, 나나 주변 지인들은 이력서만 제출해서 문제가 된 적이 없었다. 한국의 대기업 공채, 미국에서도 엔지니어 직군이 아닌 금융권이나 디자이너 채용의 경우 서류 준비에 조금 신경 써야 하는 것으로 알고 있지만 테크 기업의 엔지니어 채용은 서류 전형을 매우 간소화하는 대신 면접에 중요도를 많이 두는 편이다.

그만큼 면접 때 얼마나 답변을 잘하고 면접관에게 좋은 인상을 보여주었는지가 전체 채용 결정에 상당한 비중을 차지한다. 페이스북 면접을 볼 당시 내가 생각하기에 면접관에게 어필했던 포인트가 있다. 당시에는 그저 열심히 준비하고 마음에서 우러나오는 대로 답변을 했을 뿐이지만, 페이스북 입사 후 내가 직접 면접관으로 많이 활동하면서 돌이켜보니 나의 답변은 굉장히 중요한 포인트였다. 물론, 산업군마다 그리고 나라마다 면접관들이 원하는 인재상이 다르기에 모두에게 도움이 될 내용은 아닐 수도 있다. 하지만 꼭 취업을 위해서가 아니더라도 비즈니스 미팅 등에서도 참고할 수 있을 것이다.

면접 장소에 일찍 도착한다

약속 시간에 늦지 않는다는 것은 한국 사회든 미국 사회든 중요하다. 뿐만 아니라 페이스북 동료들과 대화해보니 브라질과 같이 시간 약속에 비교적 관대한 나라에서도 입사 면접의 경우에는 시간 약속이 매우 중요하다고 한다. 이렇게 전 세계 어디서든 약속 시간을 잘 지킨다는 것은 첫인상에 중요한 요소로 작용한다. 초행길은 여러 가지 변수가 있을 수 있기 때문에 약속 시간보다 조금 일찍 도착한다는 생각으로 가는 게 좋다.

나의 경우도 이 점을 고려하여 면접 장소에 먼저 갔더니, 페이스북 인사 담당자와 인솔자 한 명이 나와서 기다리고 있었다. 20분 정도 먼저 도착한 나는 두 사람과 이야기를 나눌 기회가 생겼고 그들에게 페이스북 캠퍼스에 대한 간략한 소개, 직원들이 보통 몇 시에 출퇴근을 하는지, 페이스북에서 일하면서 가장 좋은 건 무엇인지 실망스러운 부분은 무엇인지 등에 대한 이야기를 편하게 나눌 수 있었다.

이렇게 사전에 대화를 나누면서 자연스럽게 긴장이 풀어지는 효과도 있었고, 막상 면접에 들어갔을 때 생각보다 그들과 나눴던 대화가 도움이 많이 되었다. 특히 미국에서는 처음 사람을 만나 대화를 나눌 때 '아이스 브레이커Ice Breaker' 라고 해서, 어색한 분위기를 완화하기 위해 인사치레나 스몰 토크를 하는 게 보편적이다. 나의 경우, 그들과 나눈 대화 내용을 인용하기도 하고, 그들이 해준 이야기에 내 생각을 덧붙여서 이야기를 풀어나가면서 화기애애한 분위기를 만들어낼 수 있었다. 면접관에게 좋은 인상을 주면서 나 스스로도 긴장을 풀고 면접에 본격적으로 돌입할 수 있게 해주는 좋은 방법이었다.

리서치를 제대로 하고 간다

면접 당일에 생각보다 찾아봐야 할 것들이 많았다. 우선 아침에 페이스북에서 당일 내 면접관들이 누구인지 이름을 면접 시간표와 함께 보내왔다. 대략적으로 그들이 어떤 커리어와 배경을 가지고 있는지, 어떤 문화권에서 왔고, 미국 문화권에서 생활한 지는 얼마나 오래됐는지 등의 정보를 링크드인을 통해서 파악하고 갔다. 링크드인은 그런 목적으로 만들어진 서비스라고 생각해서 부담 없이 활용했다.

공통적으로 아는 친구가 있으면 그 친구한테 문자나 전화를 해서 그 사람이 내 면접관이라고 소식을 전하기도 했다. 그렇다고 전화를 해서 굳이 그 사람에 대한 정보를 알아내려고 하지는 않았다. 친한 사이일 경우 면접이 끝난 후 나에 대한 이야기를 할 수도 있는데, 그때 내가 너무 치밀하다는 인상을 주고 싶지 않았고, 그저 사회성이 좋구나 정도의 인상을 풍겼으면 했다.

한국에서의 면접 상황에서 같은 원리가 작용 가능할지는 모르겠다. 다만, 내가 한국에서 일할 때도 비즈니스 미팅 전에 누군가를 만날 때 상대방에 대한 어느 정도의 배경 조사는 항상 하고 갔다. 특히 공공재로 풀려 있는 인터넷 신문 기사의 경우에는 미팅 전에 필수적으로 읽고 가는 것을 추천한다. 만약 미팅 중 해당 리서치가 도움이 되는 순간이 온다면 준비성이 철저한 사람이라는 인상을 풍길 수 있다. 만약 그런 기회가 오지 않는다고 해도 상대방을 아예 모르고 만나는 것보다 무엇이라도 찾아보고 가는 것이 본인의 심리적인 안정감에 도움이 될 것이다.

멍청한 질문을 하지 마라

면접 시 단골 질문 중 하나가 "저희 회사에 대해 궁금한 점이 있나요?"이다. 이때 면접관에게 '멍청한' 질문은 하지 않는 것이 좋다. "세상에 멍청한 질문은 없다"는 격언이 있다. 그런데 면접에 있어서는 멍청한 질문이 존재하는 것 같다. 내가 말하는 멍청한 질문은 '인터넷에서 간단한 검색 한 번으로 찾을 수 있는 것에 대해 묻는 것'을 말한다.

생각보다 이 질문에 대한 답을 어떻게 하는지가 꽤 중요하다. 지원자의 당락을 결정하는 핵심 요소는 아니지만 조금 애매한 상황일 때 지원자가 얼마나 회사에 대한 리서치를 해왔고 회사에 대한 관심도가 높은지에 대해 평가할 수 있는 요소가 된다. 따라서 회사의 규모나 매출 구조, 역사 등 진부한 질문은 하지 말자.

그럼 어떤 질문을 해야 할까? 회사의 경쟁사에 관한 최신 기사와 관련된 질문을 하면 해당 회사와 업계에 관해 최신 기사까지 파악하고 있다는 인상을 준다. 외부인은 잘 알 수 없는 회사 내부의 문화에 관해 묻는 것도 좋다. 그 회사를 정말 다니고 싶어 사내문화에까지 관심을 가지는 일종의 '적극성'으로 보일 것이다. 또는 면접관의 개인적인 경험과 결부지어 질문하는 것도 좋다.

채용도 결국 사람이 하는 일이고, 입장을 바꿔보면 충분히 알 수 있다. 리서치하기가 그 어느 때보다 좋은 시대에, 우리 회사에 들어오겠다는 사람이 회사에 대해 간단한 검색조차 해보지 않았다는 티가 나면 어떻겠는가. 이런 사람을 환영할 회사는 없다.

면접에는 벼락치기가 통하지 않는다

당일 컨디션이 가장 중요하다. 나도 학교 다닐 때 벼락치기를 안 해본 건 아니지만 면접에 있어서 벼락치기는 정말 독약이라고 생각한다. 사실 면접에서는 예상 질문이 워낙 다양하기 때문에 전날까지 바쁘게 준비한다는 사실 자체가 일단 대비가 잘되지 않았다는 뜻이다. 만약 그런 상황에 처해 있다면 과감하게 준비를 그만두고 휴식을 취하는 것을 추천한다.

이에 더해, 체력적인 컨디션만큼 중요한 것이 심리적인 컨디션이다. 나 같은 경우는 면접을 보는 전날과 당일에 운동을 하며 잡념을 없애는 것이 매우 도움이 되었다. 그리고 무엇보다 자신감을 갖는 것이 중요하다. 철저한 준비에서 비롯된 자신감이라면 더할 나위 없이 좋겠지만, 그게 아니라면 자기 최면을 걸어서라도 자신감을 장착해 가는 것이 좋다. 내가 나를 믿지 못하는데 어떻게 타인이 나를 믿고 고용하겠는가.

면접이 끝난 후 남기는 인상도 중요하다

미국의 경우 면접을 본 후에는 감사 이메일을 보내는 경우가 많다. 면접을 본 것으로 끝나는 게 아니라 그 후에 면접관에게 메일을 보내 감사를 표한다. 이 감사 이메일의 중요성은 학교에서 선배들도 항상 강조했었다.

면접관이 명함을 주는 경우는 명함에 나와 있는 연락처를 통해 연락하면 되고, 명함을 주지 않은 경우라도 면접 말미에 이메일 주소를 물어보면 보통 흔쾌히 알려줬다. 면접이 끝나고 24시간 내로 감사했다고 인사를 꼭 보냈고, 정말 드문 경우이긴 하지만 면접 당시에 내가 대답을 잘 못했던 부분에 대해서 부연 설명을 하기도 했다. 물론, 공식적으로 면접 후에 보낸 이메일이 면접 결과에 영향을 미치진 않겠지만 이런 이메일을 보내서 잃을 것은 없다고 생각한다. 꼭 입사 면접이 아니더라도 나중에 다른 일로도 그 면접관과 만나게 될 수 있기에 이메일은 꼭 보내는 것을 추천한다.

나의 경우 스탠퍼드 MBA 면접 이후 답변이 미진했던 부분에 대해 장문의 메일을 보낸 적이 있다. 한 질문에 대해 내가 면접 자리에서는 답변을 시원하게 하지 못했는데, 면접 이후에 좋은 답변이 생각이 났기 때문이다. 그래서 그 특정 질문에 대해 '동문서답을 하는 바람에 면접관님의 귀중한 시간을 허비한 것 같아 미안합니다. 혹시 도움이 될까 해서 당시 제 답변에 부연 설명을 하고 싶어 덧붙입니다…'로 시작해 보충 답변을 써보냈다.

이것 역시 나의 합격에 얼마나 영향을 줬는지 알 수 없다. 다만 개인적으로 최선을 다했다는 안도감이 들어 훨씬 심리적으로 편안했다. 이메일 작성하는 데 1시간 정도 더 쓴다고 해서 잃을 것은 별로 없지 않은가. 사후 관리는 면접에서 중요하지만 사실 비즈니스 상황에서도 매우 중요하다. 만일 한국에서 면접을 볼 때도 그런 기회가 있다면 꼭 놓치지 말고 챙기기 바란다.

기본적으로 입사 면접이란 회사가 원하는 실력을 지원자가 갖춰야 하고, 인재상에 부합해야 한다. 또 철저한 준비가 선행되어야 합격할 가능성이 생긴다. 모든 일이 그렇듯 기본적인 것을 챙기고 부수적인 것을 고민해야 한다. 여기서 내가 설명한 나의 경험은 어떻게 보면 부수적인 것들이다. 메인 콘텐츠를 철저하게 공부하고, 준비를 제대로 마친 뒤 면접에 임하는 자세를 기본적으로 가져야 한다.

하버드와 스탠퍼드는
왜 나를 선택했을까

스탠퍼드 MBA의 경우 매년 5% 정도의 합격률을, 하버드의 경우는 10% 정도의 합격률을 보인다. 모든 학생을 입학시킬 수 없기에 최상위 학교들은 매년 전 세계에서 지원하는 수많은 학생의 뛰어난 커리어, 우수한 학교 성적을 두고 어떤 학생들을 뽑아야 할지 깊은 고민에 빠지게 된다.

감사히도 나는 내가 가장 가고 싶던 학교들의 부름을 받을 수 있었다. 합격한 후 왜 내가 선택받았는지 나름대로 분석을 해보았고, 몇 가지 요인을 찾을 수 있었다. 진학뿐 아니라 취업을 할 때나 자신을 홍보하고 어필해야 할 때 등 많은 부분에 적용할 수 있어, 내가 항상 염두에 두는 점들이다.

스토리텔링과 브랜딩의 중요성

스티브 잡스의 프레젠테이션들이 그가 사망한 지 10년이 넘게 지난 지금까지도 전설로 남아 있는 이유는 뭘까. 만약 스티브 잡스가 아이폰을 소개할 때 단지 아이폰의 스펙들을 리스트 형식으로 나열만 했다면 프레젠테이션이 재미가 없었을뿐더러 아이폰 매출도 저조했을 것이다. 당연히 세계 최고의 기업 가치를 자랑하는 현재의 애플도 없었을 것이다.

애플의 성공에는 아이폰의 뛰어난 성능이나 디자인 등 여러 이유가 있겠지만 잡스가 스토리텔링을 잘했다는 점을 빼놓을 수 없다. 아이폰을 구매하는 소비자들 중에 아이폰이 4700만 화소와 8K 동영상 촬영 기능을 갖춘 카메라를 탑재하고 있고, 150억 개의 트랜지스터가 들어 있으며, 초당 15조 8000억 회의 연산을 처리할 수 있다는 사실을 알고 있는 사람은 많지 않을 것이다. 소비자들은 꼭 그런 수치만 보고 아이폰을 구매하는 것이 아니다. 아이폰을 사용한다는 것이 가지는 의미, 스티브 잡스가 미치광이 소리를 들어가면서까지 애플의 UX와 품질에 집착했던 역사, 가족과 친구들에게 자랑스럽게 추천할 수 있는 제품만 만들겠다는 애플의 올곧은 미션 등이 소비자의 선택에 지대한 영향을 미쳤다.

개인의 매력을 어필할 때도 마찬가지다. 어떤 학교에 진학하고 싶고 어떤 회사에 들어가고 싶을 때도 아이폰을 판매할 때와 같이 스토리텔링과 브랜딩을 고려해야 한다. 단지 내가 학교 성적이 좋고, 시험 성적을 잘 받았으며, 어떤 일을 해왔다는 성과 나열식의 자기 어필은 이제 점점 통하지 않는다. 나만의 스토리가 필요하고, 그 스토리텔링을 통해 나의 브랜드 가치를 납득시켜야 한다.

과연 나는 지금까지 어떠한 인생을 살아왔고, 어떤 가치들을 중요시하며, 무엇을 삶의 동력으로 삼고 있는가. 비슷한 경험을 했더라도 남들과 다른 나만의 해석이 필요하다. 내가 에세이에 쓴 일부 내용을 예로 들어보겠다. 에세이에서 나는 내가 내린 선택과 경험을 내가 추구하는 가치와 연결해 설명했다.

고등학교 때, 북한으로 봉사활동을 갈 수 있는 기회가 생겼다. 지금은 상상도 할 수 없는, 그 당시에도 매우 드문 기회였다. 미디어와 글로만 접하던 북한의 실제 모습이 너무 궁금해 가고 싶은 마음이 굴뚝같았으나 혹시 모를 위험에 대한 두려움도 같이 있었다. 뉴스에서 본 북한 사람들의 매우 딱딱하고 냉정해 보이는 말투와 생김새, 북한 사회 질서에 어굿나는 행동을 한 가지라도 하면 잔혹하게 처형을 당한다는 '카더라' 소식도 있었다. 북한에 갔다가 인질로 잡혀 결국 돌아가지 못했다던 미국인 학생도 화제가 되었다. 미디어에서 묘사되는 북한의 모습을 생각하면 선뜻 가겠다는 결정을 하기 힘들었다. 하지만 한편으로는 내가 직접 경험해보지 않고 색안경을 끼고 북한 사람들을 바라보고 있는 것이 아닌가 하는 의구심이 들었고 나는 결국 내 중요한 가치에 따라 직접 가서 경험을 해보고 오자는 결정을 내리게 되었다.

막상 가서 경험을 하고 나니, 북한 일반인들의 모습은 소박하고 평범하기 그지없었다. 미디어가 아닌 내 두 눈으로 본 북한의 아이들은 사탕과 초콜릿과 같이 단 음식을 좋아하고, 수학 숙제를 하면서 머리를 쥐어 싸매기도 하며, 웃을 때는 눈이 반달 모양이 되는 똑같은 사람들일 뿐이었다. 북한 정부와 남한 정부 간의 긴장, 독재 정치의 어두운 모습들과는 별개로 하루하루를 살아가는 북한 사람들의 모습은 오히려 나의 마음을 따뜻하게 해주었다.

다만, 사회적으로 일반인들에게 요구하는 각종 제한 요소들로 인해 빈곤해져 버린 북한 국민들, 극단적인 정치 이념을 강요당하고 고립된 국가에서 살면서 우리가 누리는 혜택을 누리지 못하는 모습을 실제로 보니 안타까운 마음이 컸다.

이 경험을 통해 상대적으로 가난한 나라에 존재하는 디지털 격차를 줄이는 데 관심을 갖게 되었다. 그리고 이런 생각이 있었기에 페이스북에서 일할 때 인도, 파키스탄, 방글라데시 등의 나라의 소외된 계층들에게 페이스북 플랫폼의 각종 콘텐츠를 접할 수 있게 도와주는 일을 하기로 마음먹었다. 또 최신 스마트폰이 아닌 구기종의 휴대폰을 쓰는 사용자들에게도 지구촌 뉴스에 원활하게 접근하도록 도와주는 일을 하고자 했다.

이처럼 자신의 경험을 삶의 가치와 목표 등에 연결해 자기만의 해석을 하는 게 중요하다. 나는 에세이, 면접, 원서의 구석구석에 나의 결정들과 그 근거에 대한 이야기를 써서 어필하려고 했다. 꼭 북한에 가는 것 같은 특이한 경험이 아니어도 된다. 너무 사소하고 평범한 경험일지라도 그게 자신의 가치관과 선택에 영향을 주었을 수 있다. 그러니 그간 경험해온 일들과 선택을 되짚어보기 바란다. 그게 바로 여러분만의 스토리가 되고 브랜드가 된다.

현대 사회는 과거와 달리 그저 똑똑한 사람, 모범생, 누가봐도 서류상으로 뛰어난 사람을 넘어 한 사람 한 사람의 스토리와 그 스토리에서 오는 매력, 같은 경험을 해도 다르게 생각하는 창의적이고 유니크한 사고방식을 가지고 있는 사람들을 선호한다.

비록 여기서는 나의 MBA 지원서의 예시를 통해 입학사정관들에게 나를 어필한 경험을 공유했지만 개인적인 경험에 비추어보면 사람과 사람이 소통하는 모든 채널에서, 그게 비즈니스 환경이든 소셜 환경이든, 스토리텔링과 브랜딩은 어마어마하게 중요하다.

소비자(사용자) 중심적 사고의 중요성

대략 7~8년 동안, 나는 주로 B2C 제품들을 기획하고 공정하는 일을 했다. B2C란 사업자가 일반 개인 소비자들에게 서비스를 제공하고, 서비스를 좋아하고 이용하는 개인들에게 직접적인 또는 간접적인 방법을 통해 이윤을 창출하는 사업구조를 의미한다. B2C 제품을 만드는 데 가장 중요한 요소는 바로 사용자들의 입장에서 생각하는 것이다. 이것을 '사용자 중심적 사고방식Customer-Centric Thinking'이라고 부른다.

사용자 중심적 사고방식의 반대말은 공급자 중심적 사고방식인데 생각보다 많은 기획자나 기업이 이 공급자 중심적 사고방식을 버리지 못해 어려움을 겪는다. 페이스북에서는 페이스북, 인스타그램, 왓츠앱 등에 조그마한 UI 변화를 줄 때도 사용자들의 입장을 고려하는 것을 넘어, 사용자들의 반응을 실시간으로 살피고 반응이 좋지 않을 때는 바로 변화를 철회한다. 심지어 그 변화가 팀장, 부사장, 사장 또는 마크 저커버그가 제안한 변화일지라도 말이다.

원서를 통해 입학사정관들에게 어필하거나, 비즈니스 상황에서 합의를 이끌어내야 한다거나, 개인적인 만남에서 좋은 인상을 주려고 할 때도 이런 사용자 중심적 사고방식은 매우 중요하다. 나의 장점 A, B, C가 있다고 해서 그 A, B, C를 주입식으로 상대방에게 설명하고 그 A, B, C를 좋아해달라고 강요하는 방식의 대화는 원하는 반응을 결코 이끌어낼 수 없다. 상대방이 무엇을 원하는지, 어떤 성향의 사람인지를 먼저 많이 듣고 파악해야 한다. 그리고 그에 맞춰서 나의 어필 전략을 짜는 편이 훨씬 효과적이다.

나는 MBA에 지원할 때도 학교마다 어떤 인재상을 원하는지를 파악하기 위해 많이 노력했다. 학교 웹사이트를 샅샅이 읽어보고, 유튜브 비디오도 찾아서 보고, 졸업생들에게 메일을 보내서 만나보기도 했다. 이렇게 하면서 내가 어떤 학교를 가고 싶은지도 자연스럽게 알 수 있었지만, 반대로 각 학교가 나에게 어떤 이야기를 듣고 싶어 하고, 또 어떤 매력 포인트를 원하는지도 알 수 있었다.

예를 들면, 스탠퍼드와 하버드 MBA는 둘 다 세계 톱 프로그램이어서 비슷한 인재상을 가지고 있을 것이라고 착각하기 쉽다. 나 자신도 리서치를 하고 졸업생들을 만나서 이야기를 나눠보기 전에는 그렇게 생각했다. 하지만 알면 알수록 두 학교는 매우 다른 인재상을 가지고 있었고, 실제로 두 학교가 배출한 졸업생들의 진로도 매우 상이한 것을 알 수 있었다.

하버드는 리더의 모습을 이미 갖추고 있고 습관적으로 리더십을 발휘할 수 있는 인재들을 원한다면, 스탠퍼드는 사람한 명을 바꾸는 것부터 시작해 조직을 바꾸고 궁극적으로는 세상을 바꾸려는 비전을 가진, 리더십에 대한 잠재력을 가진 사람을 원한다. 하버드 졸업생들은 사모 펀드나 컨설팅, 뱅킹과 같은 업종들에 주로 종사하고 있고, 스탠퍼드 졸업생들은 창업을 하거나 테크 산업 혹은 벤처 캐피털 회사에 근무하는 경우가 많다.

이 사실을 알고 모르고는 원서를 준비하거나 면접을 볼 때 하늘과 땅의 차이를 만든다. 그래서 나는 MBA 원서들을 쓸 때, 하나의 원서를 준비하고 다른 학교에 복사와 붙여넣기를 절대 하지 않았다. 각 학교의 이념과 인재상에 맞게 나의 매력과 성과를 포장하는 방법을 달리했고, 이력서도 학교에 따라 순서나 문체를 다르게 쓸 정도로 신경을 썼다. 면접을 볼 때도 학교 입장에서 생각하는 연습을 부단히 했다. 만약 특정 학교가 원하는 인재상에 내가 그다지 부합하지 않는다고 생각되면 아무리 좋은 학교일지라도 지원 자체를 안 한 경우도 있었다. 내가 주인공인 공급자 중심적 입장으로 접근하지 않고 학교의 입장에서, 나의 원서를 읽는 입학사정관들이나 교수의 입장에서 생각하고 접근하려고 했다. 이것이 내가 좋은 평가를 받을 수 있었던 중요한 이유들 중에 하나일 것이다.

생각해보면 그리 어려운 얘기가 아니다. 다른 사람들과 차별화되는 자신만의 스토리, 즉 서사를 만들어야 돋보일 수 있는 건 당연한 이야기다. 더 나아가 자신의 경험과 철학을 하나의 브랜드로 만들어야 한다. 그리고 누군가에게 어필하기 위해서는 당연히 그 사람의 입장에서 어떤 사람을 선호하는지를 생각해봐야 한다. 나의 존재가치를 높이고 싶다면, 어떤 상황에서든 이 전략이 효과적일 것이다.

Welcome to Harvard Business School

Dear Lucas,

Congratulations again on your admission to the HBS Class of 2023! We are elated to welcome you to the HBS community.

You are joining an impressive and diverse group of leaders eager to make a difference in the world and we know you want to meet and get to know your fellow admits. We have **many** events that will enable you to get to know HBS throughout April (see below for information about our Admitted Student Welcome programming). I wanted to call out our **MeetMe2023** series designed distinctly for you to connect with each other. These are Zoom Meetups where you will be placed in different breakout rooms with your fellow admits to get to know each other - think of it as "speed friending" HBS style.

While we are excited to welcome you to HBS, we know that attending business school is a BIG decision. We want to ensure you have all the conversations that will be helpful to you in order to make the decision that's right for you. In a few days I'll be sending out a poll that will help us to connect you to members of the HBS community. Until then - just sit back and soak in the excitement. We are so thrilled to have you as part of our HBS family.

Congrats again!

Sincerely,
Chad Losee '13
Managing Director, MBA Admissions and Financial Aid

하버드 MBA 합격 통지서

Change lives. Change organizations. Change the world.

Stanford MBA Program Decision Letter

01 April 2021

Dear Lucas Cheon,

CONGRATULATIONS!

On behalf of the Stanford Graduate School of Business, I am honored to offer you admission to the Stanford MBA Program. We look forward to welcoming you in September 2021!

You were selected for the Stanford MBA Program because you have demonstrated extraordinary leadership potential. We feel confident that, as part of the Class of 2023, you will develop the knowledge, skills, and capability necessary to fulfill your aspirations. After you graduate, you will join a community of Stanford alumni who also are committed to leadership and service around the globe.

To get started, please complete the tasks in the **Next Steps** section. In the coming weeks, members of the Stanford community will be in touch to answer any questions you may have. If you need information, please contact us at mba_admits@gsb.stanford.edu.

We also hope to see you at one of our upcoming virtual events for admitted students. These events will provide opportunities to meet your future classmates and engage with the Stanford community.

Your Stanford experience will change your life, empowering you to lead organizations and, ultimately, to create positive impact in the world. We are thrilled to have you join us.

Kind regards,

Kirsten Moss
Assistant Dean and Director
MBA Admissions and Financial Aid

Lucas, From developing new content to even starring in your own, you have been a builder of community. Welcome to the GSB where you will find many others who aspire to see the world without colored lenses. Congratulations!
—Kirsten

View Decision
Next Steps
« Return to Home Page
Submit Help Request

스탠퍼드 MBA 합격 통지서

만나보고 싶어질 만큼
매력적인 자소서 쓰는 법

'Connecting the dots(점들을 연결하라).'

 우리말로 직역하면 점들을 연결한다는 뜻이지만 실은 더 큰 의미의 속뜻이 있다. 인생의 크고 작은 결정, 내가 노력해서 얻은 크고 작은 결과물, 내가 살아오면서 깨우친 삶의 철학, 그동안 쌓아온 인맥을 각각 하나의 점이라고 생각을 해보자. 이런 수많은 점이 모여 지금의 나의 인생을 이룬다고 볼 수 있다. 그러므로 그 점들 사이의 인과관계를 그려보는 일이 바로 점들을 연결하는 것이다.

 스티브 잡스가 스탠퍼드 대학교 졸업식 연설에서 이런 말을 한 적이 있다.

"인생을 살아가면서 우리가 찍어 나가는 점들이 어떤 식으로 이어질지 알 수 없지만 나중에 인생을 돌아보면 점들이 이어져 있는 모습을 발견할 수 있다. 그래서 우리는 살면서 자신이 순간순간 찍는 점들이 미래에 어떻게든 이어진다고 굳게 믿고 살아갈 수밖에 없다."

세계 최고 MBA 프로그램에서는 그저 공부를 잘하거나 커리어가 좋은 사람을 원하지 않는다. 지원자가 지금까지 어떤 크고 작은 점들을 찍으며 살아왔는지, 그 점들이 어떻게 이어져서 지금의 지원자가 존재하는지, 그 점들이 이어진 모습이 지원자의 삶의 철학이나 목적과 부합하는지를 종합적으로 본다. 그리고 이를 기반으로 지원자가 앞으로 세상에 어떤 변화를 일으킬 잠재력이 있는지를 가늠한다.

해외 대학에 지원할 때 빠뜨릴 수 없는 게 '에세이'다. 우리말로는 자기소개서라고 할 수 있는데, 자신이 걸어온 길과 비전을 하나의 글로 써서 어필해야 한다. 또 하나는 추천서로, 학교 교수님이나 직장 상사 등에게서 말 그대로 나를 추천하는 이유를 글로 받는 것이다. 나의 경우, 이 두 가지를 어떻게 준비했는지 소개한다.

인생의 점들을 하나로 연결한다

앞서 말했듯 MBA 프로그램에서는 경력이 삶의 철학이나 목표에 부합하는지를 본다. 그래서 인생을 살면서 이따금 내가 살아온 인생에 대한 회고를 하며 삶의 방향을 재정비해보는 시간을 갖는 것은 중요하다. 나는 대학교와 대학원 지원을 하면서 어쩌면 강제적으로 그런 시간을 가지게 되었지만, 아직 특별한 계기가 없었다면 따로 시간을 내어 한번 생각해보길 바란다. 이것은 꼭 학교 지원서를 작성하는 데 국한되는 이야기가 아니다. 본인의 인생에 대한 이해도를 높이고, 끊임없이 인생의 방향을 고민하고 조정해나가는 모습은 누구에게나 매력적일 것이다.

나 같은 경우는 색안경을 끼지 않고 세상을 보는 것에 관한 이야기를 에세이에 적었다. 고등학교 때 북한에 봉사활동을 가게 된 계기, 페이스북에서 인도의 여성 사용자들을 위한 기능들을 만들었던 계기를 설명했다. 그리고 이러한 경험이 뱅크샐러드에서 팀장 역할을 하면서 어떻게 내 리더십 스타일에 녹아들었는지도 소개했다. 이처럼 내 인생의 점들이 하나로 이어지는 테마가 되었고 에세이의 주 내용이 되었다. 앞으로도 이런 견해를 가지고 세상을 바꿔보겠다는 나의 포부로 하버드와 스탠퍼드 입학사정관들에게 어필했다.

일관적인 사람은 확실히 매력이 있는 것 같다. 그런데 일관적인 사람이 된다는 것은 생각보다 굉장히 어려운 일이다. 세계적인 MBA 프로그램들이 간단하게 성적만 보고 학생들을 뽑지 않고, 매년 몇만 개의 에세이와 추천서를 읽고 면접을 보는 노력을 들이는 이유에는 지원자의 일관성과 진실성을 보려는 것도 있지 않을까.

에세이에 녹아 있는 지원자의 철학과 지금까지 지원자가 커리어를 쌓으며 내려온 결정들이 일관되지 않다고 생각되면 인터뷰에서 관련된 질문을 해서 지원자가 그 차이점에 대해 어떻게 설명하는지 확인하기도 한다. 또 지원자의 주장에만 의존해서 평가를 하지 않기 위해 주변인 추천서를 두세 개 받아 다각도로 검증한다. 이렇게 여러 가지 경로로 지원자를 검증한 결과, 정말로 학교에서 원하는 인재상의 모습을 갖추었을 때, 학교는 비로소 지원자에게 매력을 느낀다.

일관성이라는 것은 평소 직장에서나 생활 속 인간관계에서도 중요한 요소로 작용한다. 아무리 달변가여도 말이 자주 바뀌는 사람은 장기적으로 신뢰도가 떨어질 수밖에 없고, 반면에 처음 인상이 조금 맹하고 어리어리하더라도 사람이 진실되고 일관성이 있으면 그 사람에 대한 호감도가 점점 높아지게 마련이다. 따라서, 누군가와 장기간 신뢰를 쌓고 그 사람의 마음을 얻고 싶다면 첫인상이 좋아야 한다는 강박 관념을 버리고 자기 자신 그대로의 모습을 꾸준히 보여주는 것이 효과적이라고 생각한다.

추천서를 위해 아군은
2명 이상 만들어둔다

세계적인 MBA 프로그램들은 모두 2~3개의 추천서를 요구한다. 나의 업무 기여도, 인성, 리더십 잠재력, 협업 능력 등에 대해 가장 자세하게 써줄 수 있는 사람들에게 요청하는데 나는 뱅크샐러드 동료 1명, 페이스북 동료 1명에게 부탁을 했다. 내가 추천서를 요청한 동료들은 대체적으로 나에 대해 좋은 이미지를 가지고 있고, 같이 긴밀히 협업한 경험이 많으며, 나와 신뢰 관계가 쌓인 사람들이다.

그런데 사실 MBA 프로그램이나 대학 지원할 때만이 아니라 다른 경우에서도 나를 어디에든 기꺼이 추천해줄 수 있는 사람들을 확보하는 것은 매우 중요하다. 예를 들어, 스타트업에서 사람을 고용할 때 레퍼런스 체크Reference Check를 많이 한다. 회사가 A라는 사람을 고용하려고 할 때, A라는 사람의 면접 결과만 중요한 것이 아니라 A에 대한 평판 체크가 좋게 나와야 고용을 결정하게 된다. 아이의 학원이나 과외 선생님을 고를 때에도 다른 믿을 만한 학부모가 추천해준 곳이나 선생님을 고르게 되는 게 사람 심리다.

그래서 항상 어떤 조직에 속해 있고 누구와 일하든지 나와 교류가 조금이라도 있는 모든 사람을 나중에 나의 평판 체크를 해줄 수도 있는 잠재 조력자라고 생각하고 행동하는 것이 좋다. 주변에 적어도 2~3명 정도는 나의 실력이나 인성에 대한 신뢰가 깊고, 표면적인 관계가 아닌 사람 대 사람으로 잘 알고 있는 조력자를 만들어놓는 것이 좋다. 이 부분을 항상 염두에 두자. 조직 생활을 하면 당장은 관계 형성에 쓰이는 시간과 노력이 소모적이고 힘들게 느껴질 수 있어도 언젠가는 당신의 미래에 좋은 영향을 주게 되는 날이 올 것이다.

지금까지의 설명을 보면 알겠지만 해외 유수의 대학이나 대학원에서는 성적이나 경력만을 보고 학생을 뽑지는 않는다. 물론 성적과 경력도 중요하지만 그것이 무엇을 위한 것인지를 중요하게 본다. 그렇게 열심히 공부하고 일해온 지난 노력은 결국 무엇을 위한 것인가? 어찌 보면 철학적이고 근본적인 이 질문을 스스로에게 해보기를 바란다.

경쟁을 잘하는 사람 말고, '대체 불가능한 사람'이 되자

'경쟁은 패배자들이나 하는 것이다 Competition is for losers .'

미국 페이팔 창업자이자 실리콘밸리 테크 업계 종사자들에게 존경받는 기업인 피터 틸이 한 유명한 말이다. 다른 업체들과 경쟁을 해야 하면 기업이 큰 성공을 거두는 데 커다란 걸림돌이 된다는 것. 그래서 스타트업이 큰 성공을 거두려면 다른 기업들에 비해 독보적인 포지셔닝을 해서 한 분야를 선점하는 전략을 취하라는 뜻이다.

그는 인터넷 검색 시장과 비행기 산업의 예를 들면서 이렇게 말한다.

"인터넷 검색, 그리고 여기에서 파생되는 광고 시장과 비행기 산업 시장의 시장 가치 차이를 단편적으로 보면 후자가 더 우위에 있는 것 같습니다. 하지만 전자의 시장에서 독보적인 위치를 점유한 구글이 그 어떠한 항공 업체보다 더 매출도 높고 기업 가치도 월등히 큽니다. 따라서 작은 틈새시장을 노리더라도 독보적인 위치를 차지할 수 있는, 대체 불가능한 무언가를 가지고 있어야 합니다."

이제 인터넷 검색 시장이 더 이상 틈새시장이 아니긴 하지만, 그의 지적은 여전히 일리가 있다.

수많은 지원자 중에 굳이 나를 뽑아야 하는 이유, 비슷한 업체들이 많은데 꼭 우리 업체와 계약을 해야 하는 이유, 수많은 잘생기고 예쁜 사람들이 많은데 특별히 나랑 사귀고 결혼을 약속하게 되는 이유 등 나를 택하게 만드는 특별한 이유를 어떻게 만들 것인가. 다른 사람들의 기준과 프로필에 맞춰서 준비하고 노력하는 것만으로는 충분하지 않다. 지금까지 내가 설명할 방법들은 어떻게 보면 매우 당연한 이야기이지만, 실상 이 간단한 원리를 실제로 적용해보는 사람들은 매우 드물다.

남들에게 휘둘리지 말고 중심을 잡자

'친구들이 봉사활동 시간을 채우고 있으니 나도 우체국에 가서 봉사활동하면서 시간이나 때워야지' '작년 하버드 합격생이 점자책을 만들었다는데 나도 점자책이나 만들어볼까?' '이유는 모르겠지만 수학 경시대회에 입상을 해야 여기저기 좋은 고등학교에 가던데 일단 다들 가는 A학원 한 달 등록해야겠어' 이런 식의 논리는 초등학교, 중학교, 정말 관대하게 봐서 고등학교 때까진 통할지 몰라도 성인이 되고 사회에 나간 뒤에는 전혀 통하지 않는다.

대체 불가능한 사람이 되거나 대체 불가능한 기업으로 성장하려면 본인에게 온전히 집중하고 외부의 영향에 흔들리지 않는 굳건한 자기 중심이 필요하다. 현실적으로 역시 어려운 이야기라는 것은 알고 있다. 사람은 어쩔 수 없이 사회적인 동물이기 때문에 주변인들의 소식이나 이야기에 흔들리기 쉽기 때문이다. 기업들도 경쟁 업체의 기사나 입소문을 통해 들리는 소식에 솔깃할 수밖에 없다. 그럼에도 불구하고 나만의 길을 걷는 방법, 나만의 페이스를 유지하면서 나의 개성과 정체성을 잃지 않고, 외압에 귀는 기울이되 갈대처럼 흔들리지 않게 멘탈을 잡는 방법을 터득하는 것이 중요하다.

내면의 목소리에 귀 기울이는 시간

앞에서 다른 사람과 교류하며 배워야 한다고 여러 번 강조했지만, 자신의 목소리에 귀를 기울이는 시간 역시 중요하다. 나의 경우는 매일 밤 조용한 거리를 걷거나 바람을 맞으면서 천천히 달리기도 한다. 혹은 방 안에서 혼자 조용히 음악을 들으며 명상을 하곤 한다. 어떤 방식이든 좋다. 혼자만의 고요한 시간을 마련하고 내면에 집중해보자. 진짜 나는 누구인지, 어떻게 살고 싶은지 생각하며 중심을 잡아보자. 방법은 상관없으니 본인에게 집중을 할 수 있는 시간을 하루에 단 몇 분이라도 할애하길 바란다.

다들 하는 어떤 분야에서 좋은 결과를 내는 것보다 남들이 가지 않은 길에서 나만의 성과를 낸 사람이 더 매력이 있다고 생각한다. 스탠퍼드 MBA 동기들과 이야기하다 보면 정말 시간 가는 줄 모르고 각자가 가진 스토리에 귀를 기울이게 된다. 내가 가장 평범한 사람이 아닐까 하는 생각이 들 정도다. 그렇다고 해서 억지로 특이한 경험을 해보라는 건 아니다. 물론 많은 경험을 하는 건 좋지만 간접 경험이라는 것도 있다. 최대한 많은 사람과 교류하면서 내가 경험해보지 못한 것들을 간접적으로 들으면서 조금이라도 시야를 넓히는 것도 방법이다.

원하는 학교에 입학했거나 원하는 회사에 취업했다고 해서 끝이 아니다. 매력적인 사람이 되고 싶지 않은가. 그렇다면 유니크한 자기만의 이야기와 철학을 가질 수 있도록 계속해서 자신에게 관심을 갖자. '경쟁은 패배자들이나 하는 것이다.' 다른 사람들을 보고 달리지 말고 자기 자신에게 집중하고 독보적인 나만의 모습을 형성하려고 노력하자. 자연스럽게 다른 사람들이 나에 대해 배우고 싶어져 다가오게 될 것이다.

비슷한 목표를 가진 사람들과
네트워크를 형성하라

　페이스북을 퇴사하고 약 2년 동안 한국 회사에서 근무하면서 느낀 점은, 우리나라에 뛰어난 인재가 참 많다는 것이었다. 한국에서 실리콘밸리 개발자라고 하면 엄청난 환상을 가지고 있는 경우가 많다. 실제로 실리콘밸리에는 정말 신이라고 불릴 정도로 대단한 사람들이 있긴 하다. 하지만 몇몇 특수한 경우를 제외하고는 한국 개발자들이 실리콘밸리 개발자들보다 실력이 떨어지는 것은 절대 아니라고 생각한다. 오히려 스스로 성장하고자 하는 욕구나 일을 열심히 해야 한다는 의지 자체는 한국 개발자들이 훨씬 앞선다는 것을 경험을 통해 알 수 있었다.

그렇다면 왜 세계적인 IT 기업들은 대부분 미국에 있을까? 위에 말한 것처럼 개개인의 능력에서 한국이 미국에 비해 뒤처지지 않는다면 왜 세계에서 가장 잘나가는 검색 엔진은 네이버가 아니라 구글이고, 세계 최고 소셜 서비스 회사는 싸이월드가 아닌 페이스북인가. 심지어 싸이월드는 페이스북이 나오기 전부터 소셜 서비스를 운영하고 있었고 카카오톡도 왓츠앱보다 훨씬 먼저 서비스를 하기 시작했다. 개인의 능력 차이가 아니라면 도대체 무엇이 문제일까 하는 의문이 생겼다.

물론 요즘에는 쿠팡처럼 미국에서 높은 가치로 상장을 하는 기업도 생기고, 몰로코나 제페토처럼 많은 글로벌 고객을 보유하고 있는 기업들이 많이 나오고 있어 앞으로의 미래는 충분히 기대해볼 만하다고 생각한다. 따라서 나는 이런 기업들에게 더욱 큰 힘이 되어줄 수 있고, 앞으로 나올 수많은 기업이 한국을 넘어 세계적으로 경쟁할 수 있게 도움을 주는 일을 해보고 싶다는 꿈이 생겼다. 그리고 그 꿈의 크기에 걸맞게 나를 단단하게 만들기 위해 세계적인 MBA에 진학하기로 결심했다.

나와 비슷한 사람들이 모인 곳

현재는 MBA를 졸업한 후 어떤 길을 걸을지 고민하고 있다. 한국, 넓게 보면 아시아의 기업들이 세계무대도 장악할 수 있게 돕는 것, 그에 맞는 토양을 준비하고 필요한 리소스를 제공해줄 수 있는 사람이 되는 것이 내 목표다. 그런 회사의 직원이 될 수도 있고, 내가 직접 창업을 할 수도 있을 것이다. 혹은 투자자가 되어 투자를 통해 그런 회사들의 조력자가 될 수도 있을 것이다. 남은 2년간 많이 보고 배우면서 치열하게 고민해보려고 한다.

감사하게도 회사에 다니는 동안 준비한 MBA 지원이 성공적이어서 하버드와 스탠퍼드에 합격했다. 내가 가장 가고 싶었던 '드림 스쿨' 두 군데에 다 붙어서 너무 다행이었지만, 합격 통보를 받고 한 달간 어떤 학교에 갈지 결정하는 것은 여간 힘든 일이 아니었다. 물론 행복한 고민이지만 최선의 결정을 내려 후회가 없도록 해야 한다는 부담감이 있었다.

학교 선택에 내가 세운 기준은 크게 두 가지였다. 첫째는 내가 동문 네트워크에 기여할 부분이 많은가. 둘째는 내가 동문 네트워크에서 얻을 것이 많은가. 스타트업, 벤처캐피털, 테크 기업들에 많이 종사하는 스탠퍼드 동문 네트워크가 그래서 개인적으로 더 탐났다. 나의 엔지니어로서의 경험과 IT 제품 기획 경험이 도움이 될 것 같았고 반대로 창업, 스타트업, 스타트업 투자 업무 등에 관심이 많은 나로서도 동문들에게 배우고 도움을 받을 수 있는 부분이 많다고 생각했다.

또한 학년당 거의 1000명의 학생들이 입학하는 하버드에 비해 400명만 입학하는 스탠퍼드의 작은 규모도 매력적으로 느껴졌다. 학생 수가 하버드보다 반 이상 적기 때문에 모든 학우와 안면을 트고 친구가 될 기회가 있지 않을까 싶었다. 실제로 스탠퍼드에서는 동문들 간의 네트워크를 더욱 단단하고 긴밀하게 만들기 위해 전략적으로 작은 사이즈의 MBA 프로그램을 지향한다.

이렇듯 나는 학교의 인맥 네트워크에 가장 큰 비중을 두었다. 경영학이라는 학문을 배우는 것도 중요하지만 전 세계에서 모인 다양한 사람들과 끈끈한 관계를 맺는 것이 더욱 중요하다고 판단했기 때문이다.

주변 사람들이 곧 당신을 말해준다

물론 하버드를 택했다고 해도 나쁜 선택은 아니었을 것이다. 하버드에 갔다면 그 나름대로의 장점이 분명히 있었을 것이고, 무엇보다 하버드는 브랜드 가치가 우수한 학교이기 때문에 나로서도 굉장히 탐나는 선택지였다. 다만 내 목표를 이루기 위해 필요한 게 무엇인지 생각해서, 그것을 기준으로 선택한 것이 스탠퍼드였을 뿐이다.

사회생활을 해본 사람이라면 인맥, 즉 휴먼 네트워크의 힘을 실감할 것이다. 미국 사회에서는 더더욱 이 네트워크가 중요하다. 나처럼 대학원에 진학할 때도 추천서가 필요하고, 취업이나 이직을 할 때도 추천서는 유용한 자료가 된다. 미국뿐 아니라 어느 문화권에서든 내가 관심 있는 분야의 사람들과 어울리면서 얻는 정보가 정말 많고 필요할 때 서로 도움이 되거나 협업을 할 수도 있다.

그뿐 아니라 나와 다른 시각을 배울 수 있고 다른 사람의 지혜나 통찰력을 빌릴 수 있다는 것도 굉장한 이점이다. 그러면서 나 또한 능력 있고 매력적인 사람으로 성장할 수 있는 것이다. '그 사람을 알려면 주변 사람들을 보라'는 말은 괜히 하는 소리가 아니다.

우리는 모두 학교, 직장 등 인생에서 수많은 선택을 해야 하는 순간에 직면한다. 그럴 때 중요한 건 자신만의 확실한 기준을 가지고 선택하는 것이라고 생각한다.

단순히 유명한 학교나 직장이라고 해서, 부모님의 꿈이라는 이유로 선택하는 게 아니라, 내가 진정으로 원하는 일과 삶의 목표를 먼저 알고, 그것을 기준으로 선택해야 한다. 그곳에는 나와 비슷한 목표를 가진 사람들이 모여 있을 것이다. 그렇게 맺은 네트워크가 앞으로 목표를 향해 달려가고 인생을 살아가는 데 무엇보다 큰 자산이 된다.

PART 4
성공의 정의는 세상이 아닌, 스스로가 내리는 것이다

면접·입학 에세이 준비를 위한
체크리스트

　다음은 기업 면접이나 학교 입학 에세이를 준비하는 사람이라면 누구나 쉽게 따라할 수 있는 나만의 루틴을 소개한다. 매우 쉽고 단순하지만, 간과하면 소중한 시간을 낭비할 수도 있기에 떠오르는 대로 정리해봤다. 이미 자신만의 루틴이 정리된 사람이라면, 참고용으로만 보기 바란다.

면접 D-day 3 체크리스트

　⊘ 지원하려는 회사의 수익모델 및 경쟁사들에 대해 조사하기

- ⊘ 지원하려는 회사의 비전과 목표, 설립 이념 등에 대해 살펴보기
- ⊘ 지원하려는 회사에 현재 다니고 있거나 또는 전에 다녔던 직원과 해당 회사의 업무 문화에 대해 이야기 나눠보기
- ⊘ 모의 면접^{Mock Interview}을 5회 이상 진행하기
- ⊘ 타 후보 대비 나만이 가지고 있는 특별한 강점을 생각해보기. 반면 나의 약점은 무엇인지 생각해보고, 그 약점을 개선할 수 있는 구체적인 계획과 방안에 대해 떠올려보기

면접 D-day 1 체크리스트

- ⊘ 내 이력서^{Resume} 3장을 여분으로 준비해놓기
- ⊘ 면접 당일 입을 의상을 미리 준비해놓기
- ⊘ 걱정을 버리기 위해 가벼운 운동이나 명상을 하기
- ⊘ 다음 날 면접 일정을 다시 한 번 확인하고, 내가 자주 사용하는 시간 관리툴에 표기해놓기
- ⊘ 7시간 이상의 수면 시간을 확보하기

면접 당일 체크리스트

⊘ 이미 합격한 사람처럼 자신감 있게 하루를 시작하기

⊘ 긴장을 풀기 위해 틈틈이 가벼운 유산소 운동이나 스트레칭 하기

⊘ 면접 장소로 이동하며 면접 말미에 면접관에게 할 질문을 3개 정도 생각해보기

학교 입학 에세이 작성 시 체크리스트

⊘ 학교의 모토와 설립 이념 등을 조사하여 학교가 원하는 인재상에 대한 이해도를 높이기

⊘ 본격적으로 글을 쓰기 전에, 글의 전체적인 방향성과 개요를 먼저 작성하여 지인 3명에게 피드백 요청하기

⊘ 제출 기한 적어도 5일전 초안을 완성하기

⊘ 작성 후, 아침에 한번, 오후에 한번, 저녁에 한번, 밤에 한번 읽어보고 감상평 적어보기

⊘ 적어도 2명의 지인에게 교정받기

⊘ 제출 기한 적어도 24시간 전에는 최종 버전 완성하기

브레이킹 루틴

초판 1쇄 2021년 12월 20일
5쇄 2022년 2월 8일

지은이 | 천인우

발행인 | 박장희
부문 대표 | 이상렬
제작 총괄 | 이정아
편집장 | 조한별
마케팅 | 김주희, 김다은

진행 | 조창원
디자인 | studio forb
사진 제공 | (주)채널에이

발행처 | 중앙일보에스(주)
주소 | (04513) 서울시 중구 서소문로 100(서소문동)
등록 | 2008년 1월 25일 제2014-000178호
문의 | jbooks@joongang.co.kr
홈페이지 | jbooks.joins.com
네이버 포스트 | post.naver.com/joongangbooks
인스타그램 | @j__books

ISBN 978-89-278-1274-6 03190

중앙북스는 중앙일보에스(주)의 단행본 출판 브랜드입니다.